Céline Dion

Zum Buch

Mit dem Oscar-Gewinn 1998 für den Titelsong des Filmerfolgs »Titanic« setzte Céline Dion den Höhepunkt ihrer bisherigen Karriere. Aber auch mit anderen Soundtrackbeiträgen spielte sie sich in die Herzen des Kinopublikums – man denke nur an »Schlaflos in Seattle«, »Aus nächster Nähe« oder »Die Schöne und das Biest«. Frank Strebel zeichnet den Erfolgsweg des einstigen Kinderstars bis heute nach. Dabei geht er ebenso auf Célines Platten ein wie auf ihre vielen tollen Bühnenauftritte und zahllosen Auszeichnungen. Zudem gewährt er Einblick in das Privatleben der sympathischen Kanadierin. Mit einem ausführlichen Personen- und Titelregister.

Zum Autor

Frank Strebel, Jahrgang 1969, hat Politikwissenschaft, Niederländisch und Anglistik studiert. Seit mehreren Jahren ist er freiberuflich als Journalist und Autor für verschiedene Zeitungen und Verlage tätig.

Frank Strebel

Céline Dion

Die Erfolgsstory der romantischen Kanadierin

Econ & List Taschenbuch

Veröffentlicht im Econ & List Taschenbuch Verlag
Der Econ & List Taschenbuch Verlag
ist ein Unternehmen der Econ & List Verlagsgesellschaft
Originalausgabe

Umschlagkonzept: Büro Meyer & Schmidt, München – Jorge Schmidt
Umschlagrealisation: Init GmbH, Bielefeld
Titelabbildung: action press
Satz: Josefine Urban – KompetenzCenter, Düsseldorf
Druck und Bindearbeiten: Ebner Ulm
Printed in Germany
ISBN 3-612-26583-0

Für Valeska,
die mich mit ihrer Liebe und
wertvollen Ratschlägen unterstützt
und mich darin bestärkt hat,
dieses Buch zu schreiben.

»Love can touch us one time,
And last for a lifetime,
And never let go 'till we 're one«
(aus *My Heart Will Go On*)

··············

Inhalt

1. Vorwort

1968: Im Kino läuft Stanley Kubricks Zukunftsphantasie *2001 – Odyssee im Weltraum* und setzt neue filmische Maßstäbe. In den Hitparaden stehen die Beatles, die Rolling Stones oder Otis Redding ganz oben. In einer kanadischen Kleinstadt kommt ein Kind mit dem Namen Céline zur Welt.

1998: Kassenschlager in den Kinos ist das Schiffsuntergangsepos *Titanic* von James Cameron, das alle Leinwandrekorde bricht. Die Hitparaden führt eine dreißigjährige Sängerin an, die auf den Namen Céline hört und ein Weltstar ist. Ihr Hit: *My Heart Will Go On.*

Céline Dion ist für viele, die 1998 zum ersten Mal mit ihrer Musik in Berührung kommen, zunächst eine Frau mit einer außergewöhnlichen Stimme. In Europa wird »La Dion« erst Mitte der neunziger Jahre so richtig bekannt. Vielleicht erinnert sich noch jemand an ihren grandiosen Grand-Prix-Sieg 1988 und daran, daß 1991 ebendiese Künstlerin in den Top 5 der US-Charts auftauchte.

Dabei ist Céline bereits seit Anfang der achtziger Jahre in ihrer kanadischen Heimatprovinz Quebec ein absoluter Top-Star und galt in Frankreich schon jahrelang als Geheimtip. Jedes Album wird in den heimischen Charts ein Bestseller, fast alle Singles kommen in die Hitparaden.

Ihre Fünf-Oktaven-Stimme rührt Komponisten, Texter, Produzenten und selbst die renommiertesten Musikerkollegen.

Traumhafte Balladen sind ihre Spezialität; Lieder, die einen Gänsehaut-Effekt verursachen.
In den achtziger Jahren noch eine brave, zurückhaltende Schlagersängerin, heute eine erotische, emotionale Powerfrau.
Die vorliegende Biographie gibt Antworten auf viele Fragen zum interessanten, abwechslungsreichen Leben der Céline Dion – von der frankokanadischen Provinz hinaus in die große Welt.
Spätestens seit *My Heart Will Go On* – der einfühlsamen Ballade aus Camerons *Titanic* – ist der Name Céline Dion wirklich jedem ein Begriff. Sie gilt als weltweit erfolgreichste Sängerin der letzten drei Jahre.
Doch der Ruhm kommt nicht von ungefähr: Harte Arbeit, viel Ausdauer und immer die richtigen Leute an ihrer Seite haben dazu beigetragen.
Von Anfang an dabei: René Angélil, ihr Entdecker und Förderer, heute ihr Manager und Ehemann – eine romantische, traumhafte Lovestory.
In Célines Leben sorgen keine großen Skandale für Schlagzeilen, sondern ihre ganz persönliche Botschaft an all ihre Fans: die Botschaft der Liebe.
Nicht ohne Grund fordert sie mit ihrer letzten CD auf, über die Liebe zu reden. Doch Céline redet nicht nur über die Liebe, sie singt auch von ihr und sie lebt die Liebe.
Aus diesem Geist ist auch die vorliegende Biographie über eine starke, leidenschaftliche Ausnahmesängerin entstanden.

2. Ein Star wird geboren

»Ich will keinen kurzlebigen Hit; ich will Musik machen, die Bestand hat. Das hat sie nur dann, wenn Du hinter dem stehst, was Du tust, und wenn Du aufrichtig bist. Dann bleibt die Musik ein Leben lang bestehen.«

(Céline Dion, Onyx)

Beschaulich wirkt Charlemagne, ein kleiner Vorort der frankokanadischen Metropole Montreal. Östlich der Millionenstadt, auf der Nordseite des St. Lorenz-Stroms, liegt dieser idyllische Ort, ein verschlafenes Nest, in das sich kaum je ein Fremder verirrt. Die Infrastruktur ist eher zweckmäßig ausgerichtet, Einkaufszentren, Restaurants und Kneipen gibt es hier; den meisten Teil ihrer Freizeit verbringen die Einwohner aber mit ihren Familien. Das Familienleben wird großgeschrieben in Charlemagne. Familiärer Zusammenhalt steht an erster Stelle.

Große Familien sind hier keine Seltenheit; auch die Familie Dion, die an der Rue Notre Dame wohnt, ist kinderreich. Dem Ehepaar Thérèse und Adhémar Dion wurden zwischen 1946 und 1962 insgesamt acht Töchter und fünf Söhne geboren. Am 30. März 1968 erblickt noch eine neunte Tochter das Licht der Welt: Céline.

Die Familie, in die sie hineingeboren wird, ist eine sehr musikalische. Bereits ihre Eltern, Thérèse Tanguay und Adhémar

Dion, haben sich vornehmlich durch ihre gemeinsame Liebe zur Musik kennen- und liebengelernt. Das war 1944.

Adhémar, Jahrgang 1923, ist ein begeisterter Akkordeonspieler. Er wurde von seinem Vater, Charles-Édouard Dion, beeinflußt, der zwar ursprünglich Holzfäller von Beruf war, sich aber später als Violinist Ansehen erwarb. Mit sieben Jahren schenkte Charles-Édouard seinem Sohn ein Akkordeon – laut Adhémar das schönste Geschenk seines Lebens. 1944 lernte Adhémar Thérèse Tanguay kennen, die als Krankenschwester arbeitete. Bei den musikalischen Tanguays spielten Adhémar und Thérèse zum ersten Mal gemeinsam: sie Geige, er Akkordeon. Das war der Anfang einer ebenso musikalischen wie leidenschaftlichen Beziehung. Ein Jahr später, 1945, heirateten sie, und im August 1946 brachte Thérèse die erste Tochter, Denise, zur Welt.

Zwischen der Geburt von Denise und der von Céline liegen also mehr als 22 Jahre. Thérèse sagte einmal in einem Interview, sie sei stolz darauf, so viele Kinder geboren zu haben. Jedes Kind sei ein Geschenk Gottes.

Zum Zeitpunkt der Geburt konnte niemand ahnen, daß die Karriere des späteren Weltstars bereits mit der Namensgebung vorgezeichnet zu sein schien.

Thérèse wählte den Namen Céline als Hommage an den von ihr sehr verehrten französischen Sänger Hugues Aufray aus. Eines seiner populären Chansons hieß *Céline.* Aufray, geboren 1932, der sich mit seinen Chansons an Bob Dylan oder Joan Baez orientiert, zählt zu den großen Folksängern Frankreichs. Hugues Aufray nahm dieses Lied, das Vline Buggy geschrieben hatte, 1966 auf. Als Thérèse mit Céline schwanger war, soll sie dieses Lied oft selbst gesungen haben.

Sechs Jahre nach der Geburt der Zwillinge Paul und Pauline im Jahr1962 wurde das Nesthäkchen Céline geboren. Eigentlich war kein weiteres Kind geplant, doch dann wurde Thérèse unerwartet noch einmal schwanger. »Ich kam als eine Art Überra-

schung. Doch ich bin so froh, hier zu sein« (Céline Dion, 1997; arte).
Und wie es oft so ist: Die jüngsten Kinder bekommen meist besonders viel Aufmerksamkeit von ihrer Familie. So ergeht es auch der kleinen Céline. Sie steht stets im Mittelpunkt ihrer Geschwisterschar, wird verwöhnt und von allen geliebt.
Da alle in Célines Familie musikalisches Talent besitzen, begeistert sich auch Céline schon früh für die Musik, vor allem für den Gesang: »Ich sang mit meinen Brüdern und Schwestern. Im ganzen Haus gab es alle Arten von Musik. Sie riefen mich immer: ›Céline, komm, sing mit uns.‹ Von da an wußte ich, was ich wollte« (arte).
Gerade fünf Jahre ist Céline Dion alt, als sie zum ersten Mal vor Publikum singt. Sie tritt am 18. August 1973 bei der Hochzeit ihres 16 Jahre älteren Bruders Michel auf und singt das Lied *Donnez-moi des aiguilles, du fil et du coton* von France Castel. »Es war wie ein Traum für mich, dieses Lied zu singen«, erzählt Céline heute zurückblickend (Beaunoyer S. 32).
Mitte der siebziger Jahre eröffnen Célines Eltern in Charlemagne die Piano-Bar »Le Vieux Baril«. Hier tritt Céline vornehmlich an den Wochenenden auf und singt Chansons. Dabei interpretiert sie hauptsächlich Chansons ihrer damaligen großen Idole Dalida und Ginette Reno, die zu dieser Zeit eine der bekanntesten und erfolgreichsten Chansonsängerinnen von Quebec ist.
Adhémar strebt gleichzeitig eine professionelle Musikkarriere mit seiner Familie an und gründet die Formation »A. und sein Ensemble«. Seinen Kindern kauft er die entsprechenden Instrumente für die Familienband. Clément bekommt ein Schlagzeug, Jacques eine Gitarre, Daniel spielt Orgel, und Mutter Dion erhält eine neue Violine. Céline ist die Sängerin der Gruppe. Zunächst tritt das Ensemble lediglich bei kirchlichen Veranstaltungen, beispielsweise Hochzeiten auf, später unter-

nimmt die Familienband auch kleinere Tourneen in die nähere Umgebung. Die Attraktion der Gruppe ist von Anfang an die kleine Céline. Neben folkloristischen Stücken singt und interpretiert sie die großen Chansons wie eine Erwachsene. Die Leute kommen schon sehr bald vorwiegend wegen Céline. »Die Magie der Noten, die meine Eltern und Geschwister mit ihrem Spiel ausübten, hat mich von Anfang an beeindruckt. Die Akkorde, ihre Rhythmen gingen mitten in mein Herz« (Beaunoyer S. 32).

Dem Ensemble ist jedoch keine Zukunft beschieden. Zu unterschiedlich entwickeln sich die musikalischen Interessen. Obwohl alle Kinder der Familie musikalisch talentiert sind, schlagen schließlich nur fünf eine professionelle Musikerkarriere ein.

Michel ist der erste, der seine musikalischen Ambitionen verwirklicht; seine Karriere beginnt in den späten siebziger Jahren. Er legt sich den Künstlernamen Michel St. Clair zu und schließt sich der Rockgruppe »Éclipse« an, erst als Backgroundsänger, später als Leadvocalist. Die Band hat nur mäßigen Erfolg und bricht bald auseinander. Den Durchbruch erzielt Michel als Sänger der Band »Le Show«, deren Musik zwischen Disco und Rock schwankt. In Quebec werden sie zu Stars, 1983 haben sie mit *Super DJ* ihren größten Hit. Insgesamt veröffentlichen sie zwar nur drei Alben, aber diese werden allesamt bemerkenswerte Erfolge: *Le Show* (1978), *Fièvre d'amour* (1983) und *Quelle heure est-il?* (1985). Regelmäßig geht die Band in der kanadischen Provinz Quebec auf Tour.

Céline ist begeistert. Immer, wenn Michel nach Hause kommt, muß er ihr alles ganz genau erzählen. Sie will alles über die große Welt des Showbusiness wissen. Einem Lehrer vertraut Céline damals an: »Ich habe vor, mit meinem Bruder Michel eine Platte aufzunehmen. Später will ich auch eine eigene Platte aufnehmen« (Beaunoyer S. 21). Heute ist Michel stellvertretender

Tourmanager und organisiert maßgeblich die Tourneen für seine »kleine« Schwester Céline.
In den siebziger Jahren beginnt auch Schwester Ghislaine ihre Karriere, und zwar als Sängerin und Backgroundsängerin in verschiedenen Bands. Musikalisch orientiert sie sich zunächst hin zur Disco-Musik, bis sie in den Achtzigern ihre Liebe zum Heavy Metal entdeckt und bei der Hardrockband »Métal et Diamant« mitmischt. Außerdem tritt sie solo unter dem Pseudonym »Le Kidd« auf.
Claudette ist zwischen 1984 und 1990 als Solosängerin tätig und interpretiert Chansons, widmet sich allerdings hauptberuflich zusammen mit ihrem Mann dem eigenen Restaurant.[1]
Célines Bruder Jacques arbeitet erfolgreich als Studiogitarrist und Auftragskomponist für verschiedene kanadische Künstler.
Die erfolgreichste Karriere wird allerdings Céline einschlagen. Abgesehen von den gelegentlichen Auftritten in der Piano-Bar ihrer Eltern singt sie vorwiegend noch im heimischen Badezimmer.
Immer wieder stellt sie sich vor, wie ihr Idol Ginette Reno aufzutreten: »Ich nahm mir eine Haarbürste und habe mich im Badezimmer eingeschlossen. Ich habe vor dem Spiegel gesungen und mich gefühlt wie eine Komikerin. Ich stellte mir vor, ich würde vor einem großen Publikum singen« (Beaunoyer S. 50).
So intensiv wie ihre musikalische Leidenschaft so groß ist Célines Aversion gegen die Schule, die sie des öfteren schwänzt. Mit 16 Jahren bricht sie schließlich die Schule ab. Eine gute Schülerin ist sie nie gewesen, viel lieber wollte sie schon in jungen

---

1 Von Claudette erscheinen in Quebec insgesamt vier Alben. *Hymnes à l'amour* (1984); *Hymnes à l'amour vol. 2* (1985). Auf diesem ist auch das Duett *Vois comme c'est beau* zu finden, das Claudette mit ihrer Schwester Céline aufnahm; *Bonsoir Édith* (1986) und *Claudette Dion* (1990). Alle Alben waren einigermaßen erfolgreich in Quebec.

Jahren auf eine professionelle Karriere hinsteuern: »Die Schule hat mich von meiner Familie und von meiner Karriere entfernt, lange bevor ich die Schule verlassen habe« (Beaunoyer S. 51).

Die ersten Weichen in Richtung Musikkarriere werden 1980 gestellt. Der Mann, der Céline die Türen zur Welt des Showgeschäfts öffnen wird, heißt Paul Lévesque und gilt in Quebec als einer der renommiertesten Manager und Produzenten. Zu seinen Topstars zählen die Gruppen »Aut'Chose« mit dem Leadsänger Lucien Francœur, »LUBA« und »Mahogany Rush«, außerdem ist er der Manager von Michels Band »Éclipse«. Auf Empfehlung ihres großen Bruders wird ein Treffen zwischen Céline und Lévesque im »Le Vieux Baril« in Charlemagne arrangiert. Lévesque erkennt sofort das Potential, das in der Stimme der Zwölfjährigen steckt. Nach dem Ende von »Éclipse« widmet Lévesque sich der Band »Le Show«. Er bietet an, sich neben der Karriere von Michel Dion auch um die von Céline zu kümmern. Am 2. September 1980 kommt es zur Vertragsunterzeichnung: Lévesque wird für die nächsten fünf Jahre der persönliche Manager Céline Dions. Mutter Thérèse setzt allerdings durch, daß sie als Vormund die einzige ist, die Célines Rechtsansprüche bis zu ihrer Volljährigkeit vertritt. Sehr zum Leidwesen Célines besteht Lévesque zunächst darauf, daß Céline wieder zur Schule geht, um für alle Fälle einen Schulabschluß in der Tasche zu haben. Das führt gleich zu Beginn der Zusammenarbeit zu Meinungsverschiedenheiten zwischen Maman Dion und Paul. Denn Célines Mutter hat bislang nichts dagegen gehabt, daß ihre kleine Tochter sich mehr der Musik als der Schule widmete. Lévesque kann sich durchsetzen, und zähneknirschend drückt Céline wieder die Schulbank auf der Gesamtschule Paul-Arseneau in Quebec.

Vorerst hat sie nur wenig Auftritte. Allerdings kann auch niemand eine richtige Karriere starten, ohne zuvor eine Platte aufzunehmen. Der erste Song, den Céline aufnimmt, ist eine Fami-

Schon früh war absehbar, daß Céline es einmal ganz nach oben bringen würde

lienproduktion: Zusammen mit ihrer Mutter und ihrem Bruder Jacques schreibt sie am heimischen Küchentisch das Lied *Ce n'était qu'un rêve*. Ein weiteres Lied, das hauptsächlich von Céline stammt, *Grand-maman*, ist der von ihr sehr geliebten Großmutter väterlicherseits, Ernestine Barriault, gewidmet. Mit der Unterstützung von Paul Lévesque nimmt Céline eine Demokassette im Tonstudio in Longueuil auf, das unter der musikalischen Leitung von Georges Tremblay steht.

Das Demoband der zwölfjährigen Céline verschickt Mama Dion per Eilboten an den renommierten Quebecer Plattenproduzenten René Angélil.

Gleichzeitig versucht Lévesque das Demo auch verschiedenen anderen Produzenten zu präsentieren, doch diese sind wenig begeistert. Der Markt in Quebec ist gesättigt, junge und gute Kinderstimmen, die erfolgreich werden wollen, gibt es genug. Aus diesem Grund wärmt Paul den Kontakt zu einem Produzententeam wieder auf, mit dem er bereits zusammengearbeitet hat und befreundet ist: Guy Cloutier und René Angélil. René will eigentlich nicht mehr für die Karriere eines Kindes verantwortlich sein und sich anderen Projekten widmen. Aber die Aussicht, nach langer Zeit wieder mit seinem Freund Paul zusammenzuarbeiten, stimmt ihn um. Für Céline ist das ein großer Glücksfall. Gemeinsam mit Lévesque hört sich Angélil das Demoband an.

Es wird erzählt, daß René Angélil von der Stimme des Mädchens so gerührt ist, daß er nur noch eins möchte: Céline persönlich kennenlernen und ihre Stimme live hören. Bereits wenig später singt Céline zum ersten Mal vor René Angélil – wie einst im Badezimmer, diesmal mit einem Füllfederhalter als Mikrofonersatz.

»Das erste Mal, als ich Céline in meinem Büro singen hörte, wußte ich, diese Stimme kommt vom Herzen, und ich mußte weinen. Eine Stimme, wie ich sie noch nie zuvor gehört hatte.

Für mich war es die Stimme des Himmels, so daß ich mehr davon wollte« (René, 1997; arte).
Nach dem ersten Treffen mit Céline möchte René Angélil auch ihre Eltern persönlich kennenlernen, und man arrangiert ein Zusammentreffen im Hause der Dions in Charlemagne. René erscheint in Begleitung seiner damaligen Frau Anne-Renée, die in Quebec ein bekannter Fernsehstar ist. Für Céline ist das der entscheidende Tag ihres Lebens. Sie trifft den »Mann ihres Schicksals« (Beaunoyer S. 63): »Ich weiß nicht mehr, wann ich mich in René verliebt habe, auf jeden Fall nicht, als ich zwölf Jahre alt war« (ebd.). Mit der Konstellation Lévesque und Angélil steht einer erfolgreichen Zusammenarbeit mit Céline Dion nun nichts mehr im Wege: die Karriere kann beginnen.

3. Der stimmgewaltige Kinderstar – Célines Karriere 1981 bis 1985

Die Zusammenarbeit mit René Angélil erweist sich vom ersten Tag an als sehr fruchtbar. Er verfügt aufgrund seiner langjährigen Erfahrung über die richtigen Kontakte sowohl zu den Medien als auch zu Musikerkreisen.

Mit René meint es das Schicksal zunächst allerdings nicht so gut. Seit längerer Zeit managt er die Quebecer Chansonnette Ginette Reno. Als diese sich jedoch in den Musikmanger Alain Charbonneau verliebt, setzt sie alles daran, den Vertrag mit René aufzulösen und sich fortan von Charbonneau managen zu lassen. Für René ist dies eine bittere berufliche Niederlage. Er ist gerade im Begriff, Ginette für eine europäische Karriere vorzubereiten und hat bereits Kontakte mit dem französischen Autor und Komponisten Eddy Marnay geknüpft. Marnay soll eigentlich für Ginette neue Chansons schreiben. Die Vereinbarung zwischen René und Eddy steht, eine passende Sängerin allerdings fehlt auf einmal.

Der Schicksalsschlag für René läßt für Céline allerdings einen Traum wahr werden: sie tritt an die Stelle der von ihr seit frühester Kindheit bewunderten Ginette Reno. Eddy Marnay fliegt extra nach Kanada, um sich persönlich von Célines Stimme zu überzeugen. Er lernt auch die Familie Dion kennen und ist begeistert; die Chemie zwischen den Dions, René Angélil und Eddy Marnay stimmt sofort. Voller Enthusiasmus macht sich Marnay an die Arbeit, neue Chansons zu schreiben und das erste Album der jungen Céline zu realisieren.

Wie kam es zur Zusammenarbeit zwischen einem französischen Autor und einem frankokanadischen Produzenten? Das war nicht nur der Überredungskunst René Angélils zu verdanken, vielmehr hatte hier die Liebe ihre Hände im Spiel. 1979 lernte Marnay bei einem Chansonfestival in Brüssel die Quebecer Chansonnette Suzanne ›Mia‹ Dumont kennen. Trotz der geographischen Distanz und 25 Jahren Altersunterschied verliebten sich die beiden ineinander. So bot die Einladung nach Montreal für Eddy Marnay eine willkommene Gelegenheit, Suzanne wiederzutreffen. Suzanne Dumont wird übrigens die erste Pressesprecherin Célines werden.

Besonders wichtig sind natürlich die richtigen Medienkontakte. Der Provinz Quebec wird Céline am 19. Juni 1981 zum ersten Mal öffentlich im Fernsehen präsentiert. René verschafft ihr einen Auftritt in der angesagten Unterhaltungsshow von Michel Jasmin, in der sie *Ce n'était qu'un rêve* singt. Jasmin interviewt sie nach dem Auftritt und befragt sie nach ihrer Kindheit und ihren beruflichen Plänen. Redegewandt beantwortet sie die Fragen des Showmasters und zeigt sich von ihrer musikalischen Karriere überzeugt.

Nach diesem vielversprechenden Auftritt plant René, ein Album mit Céline aufzunehmen. Eine Quebecer Plattenfirma möchte allerdings zunächst lediglich eine Single herausbringen. Doch René läßt sich nicht beirren. Er glaubt von Anfang an an das große Potential der kleinen Céline und möchte ein komplettes Album realisieren: »Ich wollte, daß die Leute mehr als nur einen Song hörten« (René, 1997; arte). Doch finanzielle Probleme stehen dem Vorhaben zunächst im Wege. Zum einen hält es die Plattenfirma für ein unkalkulierbares Risiko, gleich ein ganzes Album mit einer noch unbekannten Sängerin produzieren zu lassen, zum anderen hat der Verlust Ginette Renos René Angélil in eine tiefe finanzielle Krise gestürzt. Er ist praktisch pleite. Um die Aufnahmen für Célines Debütalbum dennoch finanzieren zu können, geht er zu seiner Bank und nimmt eine Hypothek auf sein Haus auf. Es gelingt ihm, mit dem Direktor der Plattenfirma »Trans-Kanada«, Denys Bergeron, einen Vertrag über 50 000 $ abzuschließen für zwei Alben, die René produzieren soll. Eine der beiden LPs soll ein Weihnachtsalbum werden, da sich Weihnachtsschallplatten in Quebec erfahrungsgemäß besonders gut verkaufen. Zunächst erscheint aber das Debütalbum *La voix du bon Dieu*, eine Langspielplatte, deren Nummern fast alle von Eddy Marnay geschrieben sind. Textlich und musikalisch ist dieses Album eher einfach gehalten, doch durch die Produktion Angélils kommt die Stimme der jungen Céline Dion bereits hervorragend zur Geltung. Auf diesem Album befindet sich auch das Lied des Demobandes, *Ce n'était qu'un rêve.* Dieses Album ist nicht nur deshalb etwas Besonderes, weil es die erste Platte eines angehenden Weltstars ist, sondern auch weil einzig auf dieser Platte Céline selber als Autorin tätig war. Auffallend ist außerdem, daß Eddy Marnay zum ersten Mal auch als Komponist in Erscheinung tritt, und zwar für den Titelsong *La voix du bon Dieu*, den er ganz speziell für Céline geschrieben hat. Marnay soll, während er sich seinerzeit das Demoband anhörte, gesagt haben, das sei »die Stimme des wunderbaren Gottes«.

Nachdem die Schallplatte im Studio Saint-Charles in Longueuil aufgenommen worden ist, vermittelt Eddy Marnay den Kontakt zu der renommierten französischen Abendzeitung *France-Soir*, die eine Reportage über Céline Dion bringt. Diese Reportage erfährt jedoch keine große Resonanz.

Anfang Dezember erscheint das Weihnachtsalbum *Céline chante Noël.*

Es wird zusammen mit den Songs für das erste Album in ein und derselben Aufnahmesession eingespielt und enthält traditionelle Weihnachtslieder wie *J'ai vu maman embrasser le Père Noël* (ursprünglich *I Saw Mommy Kissing Santa Claus)* oder *Le p'tit renne au nez rouge (Rudolph The Red Nosed Reindeer)*. Kommerziell ist dieses Album trotz aller Prognosen eher ein Flop und bleibt mit seinen 25 000 verkauften Einheiten bis heute das einzige Album der Dion, das nicht wenigstens Goldstatus erreicht hat. Ihr Debütalbum verkauft sich 50 000mal weltweit. Céline Dion erhält in Quebec für die Verkäufe ihre allererste goldene Schallplatte.

Nach den Anfangserfolgen kann René Angélil auch seine Hypothek auflösen und ist wieder schuldenfrei. Ermutigt von den Erfolgen, gründen René Angélil und seine Frau Anne-Renée an Célines 14. Geburtstag, dem 30. März 1982, die Firma »TBS«. Diese Firma verfolgt nur ein Ziel: die Promotion von Céline Dion. De facto gehört die Firma Anne-Renée; René ist Angestellter und arbeitet für 500 $ die Woche. In der Öffentlichkeit tritt Anne-Renée als Managerin Célines auf und ist Geschäftsführerin von »TBS«. Diese Vorsichtsmaßnahmen der Geschäftspolitik dienen der Absicherung. Im Falle einer Krise in der Firma soll »TBS« nur auf einen Namen laufen; so kann nämlich beispielsweise im Konkursfall Renés Haus nicht gepfändet werden.

Nachdem bereits 1981 die ersten Kontakte nach Frankreich geknüpft worden sind, veröffentlicht die französische Plattenfirma »Pathé-Marconi« das Lied *Ce n'était qu'un rêve* als Célines erste Single in Frankreich. Sie wird ein Achtungserfolg.

Zu Hause in Quebec beginnt sie im Frühjahr 1982 bereits mit den Aufnahmen zu ihrer dritten Schallplatte: *Tellement j'ai d'amour*... Dieses Album bedeutet für Céline den endgültigen Durchbruch im französischsprachigen Kanada.

Vor diesem Durchbruch steht allerdings noch die Teilnahme am 13. »Yamaha World Popular Song Festival« in Tokio im Oktober 1982. Marnay wird von der französischen Musikindustrie gebeten, einen Song einzureichen. Eddy Marnay und Céline entscheiden sich für die Ballade *Tellement j'ai d'amour pour toi*.

Zum ersten Mal in ihrem Leben singt Céline vor einem Millionenpublikum: 115 Millionen Fernsehzuschauer weltweit verfolgen die Übertragung des Festivals. Mit der rührenden Ballade geht Céline unter den dreißig Finalisten als Siegerin hervor. Bei ihrer Rückkehr nach Quebec wird sie vom Premierminister der Provinz Quebec, René Levesque, persönlich empfangen. Er gratuliert ihr zu ihrem großen Erfolg. Nach diesem überwältigenden Sieg werden sowohl das Album *Tellement j'ai d'amour...* als auch die Single Riesenerfolge in Célines Heimatprovinz. Die Nachfolgesingle *D'amour ou d'amitié*, auch in Frankreich veröffentlicht, wird ebenfalls ein Megahit und zählt bis heute zu den unsterblichen Evergreens der Quebecer Popmusik. Céline ist der Stolz von Charlemagne. Der Bürgermeister von Charlemagne überreicht ihr Heiligabend 1982 eine goldene Ehrentafel, auf der geschrieben steht: »Aus Dankbarkeit diese Würdigung für Céline Dion, die ihrem Land, ihrer Provinz und ihrem Geburtsort eine große Ehre erwiesen hat durch ihre hervorragenden Leistungen als Sängerin im internationalen Wettkampf.«

Nachdem sie 1982 den großen Durchbruch in ihrer Heimat geschafft hat, tritt sie 1983 ihren Siegeszug in Frankreich an.

Gleich im Januar fliegt sie nach Cannes, um Kanada auf der jährlich stattfindenden internationalen Musikmesse MIDEM (Marché International du Disque et de l'Édition Musicale) zu vertreten. Sie siegt mit dem Chanson *D'amour ou d'amitié* vor 3500 anwesenden Fachleuten in der Kategorie »Neuentdekkung des Jahres« bei der RTL-Gala vom 24. Januar. Einige Tage später tritt sie zum ersten Mal im französischen Fernsehen auf. René gelingt es, sie mit Michel Drucker, einem der beliebtesten Entertainer Frankreichs, zusammenzubringen. Drucker lädt sie in seine Fernsehsendung »Champs Élysées« nach Paris ein. Er ist allerdings falsch informiert: er geht davon aus, daß Céline Dion aus Frankreich stammt und begrüßt sie daher mit den Worten »Dieses junge Mädchen wird eine der ganz großen Chansonnetten von Frankreich werden!«. In dieser Sendung singt sie ebenfalls ihren Hit *D'amour ou d'amitié*. Viele Newcomer hatten ihren ersten TV-Auftritt bei Drucker, spätere französische Topstars wie Jean Lepointe, Fabienne Thibault oder auch Roch Voisine haben Druckers Fernsehsendung als Sprungbrett benutzt. Ein gutes Omen für Céline.

Wieder in ihrer Heimat Quebec, gibt sie eine Reihe von Auftritten, unter anderem im Mai 1983 an der legendären »Place des Arts« in Montreal. Dieser Platz ist das kulturelle Zentrum von Montreal, regelmäßig kommen Tausende von Besuchern zu Konzerten und Theatervorstellungen dorthin. Insgesamt stehen drei Säle für kulturelle Veranstaltungen zur Verfügung; allein die berühmte »Salle Wilfrid Pelletier« faßt 3000 Menschen. Viele nationale und internationale Künstler treten hier auf. Einen weltweit großen Namen machten sich unter anderem »Les Grands Ballets Canadiens« und das »Orchestre symphonique de Montreal«, welches zu den besten Symphonieorchestern der Welt zählt. Céline hat die große Ehre, zusammen mit dem Symphonieorchester auf der ersten Benefizveranstaltung der »L'Association québécoise de la fibrose kystique« aufzutreten. Diese Organisation macht es sich zur Aufgabe, Betroffenen, die an der lebensbedrohlichen Bindegewebskrankheit Fibrose erkrankt sind, zu helfen. Obwohl die Organisation bereits seit 1980 in Kanada existiert, wird die Regionalgruppe in Quebec erst 1983 gegründet. Céline ist einer der Hauptacts bei der feierlichen Eröffnungsgala.

Zwei triumphale Auftritte in Quebec schließen sich im Sommer 1983 an. Besonders stolz ist die 15jährige im Juli bei dem Konzert in Roberval: zum ersten Mal kommen 15 000 zahlende Gäste, um nur sie allein zu sehen. Kurz darauf tritt sie bei dem Musikfestival »Lac des Dauphins de Montreal« vor 45 000 Zuschauern auf. Radio Canada widmet Céline in Anlehnung an

diesen Auftritt ein Fernsehspecial. Der Musikjournalist Joseph Lafrenière schreibt im Magazin *Vidéo Presse:* »Ihr Auftritt am Lac des Dauphins wird mir ein Leben lang unvergeßlich bleiben!« (Beaunoyer S. 79).
Fast zeitgleich zu dem Fernsehspecial erscheint in Quebec das vierte Album von Céline, *Les chemins de ma maison.* Die erste Single, *Mon ami m'a quittée*, und später der Titelsong werden zu Tophits. Dieses Album erreicht ebenso wie das Vorgängeralbum *Tellement j'ai d'amour...* Platinstatus in Kanada.
Der 1. September 1983 ist ein ganz besonderer Tag für Céline: sie erhält ihre erste goldene Schallplatte in Frankreich für ein Lied, das bereits 1982 auf den Markt gekommen ist, aber erst nach dem TV-Auftritt bei Michel Drucker in Frankreich ein Bestseller wird: *D'amour ou d'amitié.* Beeindruckend daran ist weniger die Auszeichnung an sich als die Tatsache, daß Céline Dion die erste frankokanadische Sängerin ist, die in Frankreich Goldstatus für einen Song erhält. Über 500 000 Franzosen kaufen sich 1983 diese Single. Dieser fulminante Erfolg zieht die Veröffentlichung der ersten Langspielplatte Célines in Frankreich mit sich: *Du soleil au cœur.* Bei diesem Album handelt es sich um eine Zusammenstellung der besten Songs ihrer ersten in Quebec veröffentlichen Alben, mit Ausnahme der Weihnachtsplatte.
Obwohl Célines Karriere gerade einmal einen Zeitraum von drei Jahren umfaßt, bringt der Chefredakteur des Kunstblattes *Échos-Vedettes*, Marc Chatel, die erste Biographie der jungen Chansonnette heraus: *La naissance d'une étoile (Die Geburt eines Stars).* 181 Seiten stark, mehr als hundert Schwarzweißfotos umfassend, beschreibt das Buch den Weg Célines von ihrer frühesten Kindheit bis zu ihrem Durchbruch im Jahr 1983.
Die Früchte ihres Erfolges fährt sie am Ende des Jahres ein. Sie erhält die ersten Musikpreise ihrer Karriere: vier »Félix«-Trophäen bei der ADISQ (Association du Disque et de l'Indusrie du

Spectacle Québecoise)-Gala. Diese Auszeichnung ist nach dem größten Dichter und Chansonschreiber Quebecs, Félix Leclerc (1914–1988), benannt und wird seit 1978 jährlich vergeben. Céline Dion erhält diesen Preis für folgende Kategorien: beste Sängerin des Jahres, Newcomerin des Jahres, Album des Jahres *(Tellement j'ai d'amour...)* und den Preis für diejenige Künstlerin, die Quebec am eindrucksvollsten außerhalb der Provinz international repräsentiert hat.

Im Dezember erscheint ein zweites Weihnachtsalbum, *Chants et contes de Noël*, das sich besser verkauft als das erste.

1983 bringt nicht nur den definitiven Durchbruch in ihrer Heimat, auch Célines äußeres Erscheinungsbild wandelt sich. Sie ist nicht mehr das liebe, schüchterne Mädchen von einst, sondern präsentiert sich als Teenager auf dem Weg zur Frau. Sie wechselt ihr Outfit, läßt sich die Haare etwas kürzen und möchte erotischer und selbstbewußter auftreten. In Interviews steht auf einmal nicht mehr ihre Kindheit und Familie im Mittelpunkt. Plötzlich schwärmt die 15jährige von einem möglichen »Traumprinzen« und sehnt sich nach Liebe, Zärtlichkeit und Geborgenheit: »Er soll schön, groß und jung sein. Am liebsten mit blonden Haaren, eleganten Manieren und dem gewissen Etwas, und er soll mich bezaubern können. Ich möchte in einer großen Kirche ganz in Weiß heiraten, im Kreise meiner ganzen Familie« (Beaunoyer S. 83). Wenn man bedenkt, daß Célines großer Hit zu dieser Zeit *D'amour ou d'amitié* ist, wirkt er für die »petite Québecoise« wie maßgeschneidert: ein Chanson, das sich textlich intensiv mit den Themen Freundschaft und Liebe auseinandersetzt. Eine Liebesbeziehung hat Céline allerdings zu dieser Zeit noch nicht gehabt.

René Angélil ist ein Kenner der internationalen Musikszene. So beobachtet er genauestens, was auf den großen internationalen Musikmärkten angesagt ist. Neben Amerika und Frankreich richtet er sein Augenmerk vor allem auf Deutschland. Nachdem

Céline in Frankreich Fuß gefaßt hat, soll nun Deutschland erobert werden.
Im Zuge der sogenannten »Neuen Deutschen Welle« herrscht Anfang bis Mitte der Achtziger ein regelrechter Boom an deutschsprachiger Musik. Auch die lange Zeit verpönten deutschen Schlager finden sich urplötzlich auf den vorderen Rängen der Charts wieder. Die großen Namen in Deutschland zu dieser Zeit sind weniger angloamerikanische Künstler als vielmehr Roland Kaiser, Tommy Steiner, Wolfgang Petry, Nicole oder Andy Borg.
Viele ausländische Künstler konnten in Deutschland mit deutsch gesungenen Liedern Fuß fassen. Das trifft zum Beispiel auf die aus Avignon stammende Sängerin Mireille Mathieu zu, eine Künstlerin, die Eddy Marnay entdeckt und lange Zeit betreut hat. Lieder wie *Hinter den Kulissen von Paris* oder *Akropolis adieu* belegen in den sechziger und siebziger Jahren vordere Plätze in den deutschen Charts. So ist Eddy sehr angetan von Renés Vorschlag, Célines Karriere in Deutschland zu forcieren. Interesse an einer Veröffentlichung in Deutschland zeigt auch die Plattenfirma EMI Electrola.
Größtes Handicap ist dabei die Sprachbarriere: die Kanadierin Céline spricht nur französisch. Aus diesem Grund schreibt sie sich an der Berlitz Sprachschule ein und belegt einen Crash-Kurs in deutscher Sprache. Mit ihrer eindrucksvollen Stimme und einem zarten französischen Akzent erscheinen im Frühjahr 1984 die deutschen Versionen von *Mon ami m'a quittée (Mon ami, geh' nicht fort)* und *D'amour ou d'amitié (Was bedeute ich dir)*. Für den deutschen Text beider Titel zeichnet der Schlagertexter Hans Bradtke verantwortlich. Bradtke verfaßte vor allem in den siebziger Jahren erfolgreiche Texte, unter anderem für Wencke Myhre *(Er hat ein knallrotes Gummiboot)* und Costa Cordalis (*Du hast ja Tränen in den Augen*, im Original *Crying In The Chapel* von Elvis Presley); von ihm stammt auch die deutsche Version

des niederländischen Sommerhits von 1972 *Eviva España*, gesungen von Imca Marina. Trotz dieser günstigen Voraussetzungen bleibt der Erfolg in Deutschland aus, die Single findet kaum Beachtung.

Wesentlich erfolgreicher verläuft Célines weitere Karriere hingegen in Quebec. Im August erscheint das Album *Mélanie*, das großen Anklang sowohl beim Publikum als auch bei der Fachpresse findet. Ende 1984 wird es mit einem »Félix« für das bestverkaufte Album des Jahres ausgezeichnet.

Zu diesem Erfolg trägt eins der bedeutendsten Ereignisse in Célines Leben bei: im September 1984 kommt Papst Johannes Paul II. nach Quebec. Am 11. September trägt sie das Lied *Une colombe* (Eine Taube) im Montrealer Olympiastadion vor 65 000 Zuschauern vor, die dort mit dem Heiligen Vater die Messe feiern. Dieses Chanson wurde extra für diesen Anlaß von Paul Baillargeon komponiert. Für Céline ist es eine unglaubliche Ehre, als Repräsentantin der Provinz Quebec vor dem Papst auftreten zu dürfen. *Une colombe* entwickelt sich nach diesem einzigartigen Auftritt zu einem Riesenhit in ihrer Heimat.

1984 werden noch zwei Alben veröffentlicht, eins in Kanada, ein anderes in Frankreich. René organisiert die erste Best-of-Compilation mit zehn ihrer größten Hits aus den vergangenen drei Jahren. Die Einnahmen von *Les plus grands succès de Céline Dion* kommen größtenteils der kanadischen Fibrose-Stiftung zugute. Um den Fans die Intention der Greatest-Hits-Zusammenstellung zu verdeutlichen, wird das Album der Öffentlichkeit bei einem Pressetermin im Kinderkrankenhaus Sainte Justine in Montreal vorgestellt. Verkauft wird die Platte hauptsächlich in den Filialen der Steinberg-Supermarktkette, damit jeder bei seinem Supermarkteinkauf das Album gleich mitnehmen kann, ohne einen Umwege machen zu müssen.

In Frankreich erscheint *Les oiseaux du bonheur*, das wiederum Titel aus bereits in Quebec veröffentlichen Alben enthält. Allerdings sind hier auch drei neue Lieder, *Paul et Virginie*, *Hymne à l'amour* und der Titelsong zu finden. Außerdem wurde für dieses Album *La voix du bon Dieu* neu eingespielt. Wider Erwarten bleibt der große Erfolg aus. Selbst die Auftritte im Pariser Unterhaltungstempel Olympia helfen nicht weiter. Vom 6. November bis zum 9. Dezember 1984 spielt sie im Vorprogramm des komischen Sängers Patrick Sébastian fast jeden Abend vor ausverkauftem Haus. Und das an einem Ort, an dem alle großen Showstars, die es in Frankreich zu etwas gebracht haben, auftreten: Édith Piaf, Yves Montand, Gilbert Bécaud oder Patricia Kaas. Warum die Platten sich nicht verkaufen, trotz umjubelter Konzerte, ist auch für René Angélil und Eddy Marnay unerklärlich.

Der Großteil von Célines Liveauftritten fand bislang im Rahmen besonderer Gelegenheiten statt, z. B. bei Festivals, Galas oder Wohltätigkeitsveranstaltungen. Zu Beginn des Jahres 1985 geht sie nun endlich zum ersten Mal auf eine Tournee in Quebec, die sie durch 42 Städte führt. Acht Musiker, zwei Chorsängerinnen, die alle unter der Leitung Paul Baillargeons stehen, begleiten das Showprogramm der 16jährigen. Der Triumphzug durch die Hallen Quebecs endet mit drei restlos ausverkauften Konzerten an der »Place des Arts«, in der Salle Wilfrid Pelletier. Das Abschlußkonzert am 31. Mai wird mitgeschnitten und erscheint im Dezember unter dem Titel *Céline Dion en concert* auf Platte. Sie erhält durchweg Standing ovations eines begeisterten Publikums. Im Repertoire hat sie, neben vielen älteren Songs, auch einige neue. An diesem Abend singt sie auch zwei englischsprachige Lieder: *What A Feeling* aus dem Musikfilm *Flashdance* (1983), im Original von Irene Cara, und *Somewhere Over The Rainbow*, ursprünglich von Judy Garland in dem Filmmusical *Das zauberhafte Land* (*The Wizard of Oz*, 1939) gesungen. An diese Konzertabende erinnert sich Céline später gerne zurück: »Das ganze Programm war auf französisch. Ich hatte

nur ein paar englische Songs eingebaut. [...] Das Publikum sang und klatschte mit und hatte viel Spaß. Dabei verstand ich damals nicht genau, was ich da sang. Aber ich habe es gespürt. Gefühlsmäßig habe ich die Musik übersetzt« (Onyx). Ein weiterer Höhepunkt dieser Show ist ein Auszug aus Georges Bizets Oper *Carmen*, der insgesamt zwölf Minuten dauert.
Wie bislang bei den meisten ihrer Auftritte wird sie auch während der gesamten Tournee von ihrer Mutter begleitet, die ihr den nötigen Halt und seelische Unterstützung gibt. Céline beteuert, daß ihr die Anwesenheit von Thérèse immens wichtig ist und sie sie nicht missen möchte.
Auch 1985 erscheint in Quebec wieder eine Schallplatte von Céline: *C'est pour toi.* Der Fernsehsender »Télé-Métropole« strahlt am 10. September eine Sondersendung anläßlich der Veröffentlichung des Albums aus.
1985 nimmt Céline auch zum ersten Mal an den Aufnahmen einer Filmmusik teil. Das kanadische Fernsehen plant eine Kinderfernsehserie mit dem Titel *Opération beurre de pinotte*, die auch in einer englischen Version unter dem Titel *The Peanut Butter Solution* zu sehen sein soll. Aus diesem Grund nimmt Céline die beiden Filmsongs sowohl in französischer als auch in englischer Sprache auf. Dieser Filmsoundtrack gibt ihr gleichzeitig die Gelegenheit, ihren ersten Videoclip zu drehen – auf englisch.
Doch das größte Erlebnis des Jahres 1985 steht ihr erst noch bevor.
Nie hätte Céline Dion gedacht, daß sie Papst Johannes Paul II. so schnell wieder treffen würde. Im Herbst 1985 bietet ihr Gilles Champagne, ein einflußreicher Geschäftsmann aus Quebec, an, die Quebecer Delegation zu einer Papst-Audienz in Rom zu begleiten. Champagne führt als Begründung an, daß Céline zu den wichtigsten Repräsentantinnen in Kultur und Medien ihrer Heimatprovinz zähle. Céline, von dieser Einladung geschmei-

chelt, hält zunächst Rücksprache mit ihrer Mutter und René. René akzeptiert diese Einladung, denn als Manager denkt er an den damit verbundenen Medienrummel und an die gute PR, die Céline durch ihre Teilnahme an dieser Reise zuteil würde. Begleitet von Thérèse und René, fliegt die Sängerin im Oktober mit der kanadischen Delegation nach Italien. Die päpstliche Audienz findet am Sonntag, dem 13. Oktober 1985, statt. Céline überreicht bei dieser Feierlichkeit dem Oberhaupt der katholischen Kirche die Single ihres Songs *Une colombe*, den sie anläßlich der Papstmesse in Quebec 1984 gesungen hat. Céline und ihre Mutter Thérèse werden vom Papst gesegnet: »Als er meine Platte genommen hatte, dachte ich, daß mein Herz stillstehen würde; für mich war es ein einzigartiges Privileg, ihn zweimal in meinem Leben persönlich sehen zu dürfen« (Beaunoyer 118). Nach dieser bewegenden und für Céline und Thérèse unvergeßlichen Zeremonie besichtigt die Delegation die Ewige Stadt. Bei einem anschließenden Restaurantbesuch ist die Stimmung sehr locker und fröhlich. Céline soll dort ihren Hit *Une colombe* a cappella gesungen haben.

Auch 1985 endet Célines musikalisches Jahr mit zahlreichen Auszeichnungen bei der ADISQ-Gala. Insgesamt erhält sie fünf »Félix«-Trophäen: für das bestverkaufte Album *Mélanie*, für die beste Langspielplatte des Jahres, ebenfalls *Mélanie*, für die beste Interpretin des Jahres, für *Une colombe* als beliebtesten Schlager des Jahres und für die bestverkaufte Single 1985, ebenfalls *Une colombe*.

Bei der Preisverleihung erscheint Céline übrigens in einem neuen, feminineren Outfit. Vor allem das tiefe Dekolleté ihres eleganten Abendkleides von Designer Claude Gagnon sorgt für Gesprächsstoff in den Medien.

4. Ein Kinderstar wird erwachsen – Célines Karriere 1986 bis 1989

Von der Bühne zieht sich Céline Dion 1986 fast vollständig zurück. In diesem Jahr will sie sich sowohl optisch als auch musikalisch verändern. Die optische Veränderung ist bereits in ihrem ersten französischsprachigen Videoclip zu sehen, den sie 1986 dreht. Bei dieser Gelegenheit tritt sie zum ersten Mal mit kurzen Haaren auf. Gedreht wird zu der Vorabsingle *Fais ce que tu voudras* ihres neuen Best-of-Albums *Les chansons en or.* Die Dreharbeiten finden auf dem Bahnhof Mont-Royal statt und dauern drei Tage. Insgesamt werden in diesen Clip 60 000 $ investiert. *Fais ce que tu voudras* aus der Feder von Eddy Marnay und René Grignon ist der einzige neue Song auf dem Best-of-Album. Ansonsten enthält es Célines große Erfolge inklusive ihrer allerersten Nummer *Ce n'était qu'un rêve.* Die Veröffentlichung eines Greatest-Hits-Albums deutet meistens auf das Ende einer Karriere oder auf Veränderungen hin. Im Fall von Céline Dion markiert es das Ende einer ganz besonderen Ära: der Zusammenarbeit mit Eddy Marnay. Céline ist mittlerweile so weit, daß sie sich auch musikalisch verändern möchte. Sie will poppiger und rockiger werden. Sie möchte weg vom klassischen Chanson, hin zu modernen Balladen und Popsongs.

Gemeinsam mit ihrem Manager René Angélil möchte sie den Imagewandel schaffen und nun endlich die ganz große internationale Karriere anstreben. René sieht gute Chancen, sie bei der großen Plattenfirma CBS unterzubringen.

Doch bevor René mit Céline überhaupt weiterarbeiten darf, müssen neue vertragliche Vereinbarungen getroffen werden. Am 30. März 1986 feiert Céline ihren 18. Geburtstag und ist damit volljährig. Sie ist nun nicht mehr auf einen Vormund angewiesen, der ihre Ansprüche an ihrer Stelle vertritt. Doch an ihrem Geburtstag, den sie mit ihrer Familie und einigen Freunden, darunter auch René, feiert, gibt sie bekannt, daß sich in Zukunft diesbezüglich nichts ändern solle. »Ich habe mich nie unter Druck gesetzt gefühlt, daher möchte ich, daß sich René weiterhin um meine Karriere kümmert. Ich vertraue ihm« (Beaunoyer 147). Ein neuer Vertrag wird unterzeichnet und die Produktion von sechs weiteren Alben vereinbart. Noch im gleichen Jahr gründet René die bis heute aktive Promotionfirma »Feeling«.

Über seinen Partner und Freund aus Jugendzeiten, Guy Cloutier, kommt er in Kontakt mit CBS[2] Canada in Quebec. Er trifft den einflußreichen A&R (Artist & Repertoire)-Manager Vito Luprano, den er sowohl vom Talent als auch vom kommerziellen Potential Céline Dions überzeugen kann. Mit Hilfe von CBS soll fortan vor allem der angloamerikanische Markt erobert werden. Geplant ist noch ein französischsprachiges Album, dann soll das erste englischsprachige folgen.

CBS verpflichtet für die kommende Langspielplatte die besten Produzenten aus Quebec: Jean-Alain Rousselle, Aldo Nova und David Foster. David Foster sorgt für zeitgemäße, oft elektronische Klänge, die Céline moderner, eben poppiger wirken lassen. Am eindrucksvollsten ist das bei der ersten Single für CBS, *On traverse un miroir*, zu hören. Zu den Autoren für das geplante Album zählt unter anderem Harold Faltermeyer, aber auch

2 CBS wird 1989 von Sony aufgekauft. Ab 1989 trägt die Plattenfirma den Namen Sony Music Entertainment. Bis 1989 wird demnach die Rede von CBS sein, danach von Sony bzw. Sony Music.

Céline Dion 1988 im Deutschen Fernsehen © Fotex/H. Galuschka

noch Eddy Marnay. Ein Eddy-Marnay-Album wird es jedoch nicht mehr. Es trägt den Titel *Incognito* und wird am 2. April in Quebec veröffentlicht. Die Musik ist sinnlich-erotisch, rockig und explosiv. Auf dem Cover wird das neue Image der jungen Frau ebenfalls deutlich: ein modischer Kurzhaarschnitt und sexy Posen. Die größte Sorge, die Céline und René haben, ist, daß sie ihre alten Fans vergraulen könnten. Doch die Befürchtung ist unbegründet: Nicht nur wird *Incognito* das bislang erfolgreichste Album mit 500 000 verkauften Exemplaren, sondern es hat auch noch keines ihrer Alben so viele Singlehits in die Quebecer Hitparade gebracht: *Délivre-moi*, *On traverse un miroir*, *Comme un cœur froid* und *Incognito* heißen die Tophits. Parallel zur Veröffentlichung dieser LP geht Céline zum dritten Mal innerhalb von fünf Jahren auf Tournee durch Quebec. Allein im Saint-Denis-Theater in Montreal gibt Céline 42 aufeinanderfolgende Auftritte, die allesamt ausverkauft sind.

Die Zusammenarbeit mit CBS ist zunächst auf den nordamerikanischen Raum beschränkt. In Europa steht sie bei dem französischen Label »Carrere« unter Vertrag, das in Frankreich zwar von CBS, in Deutschland aber von »Teldec« vertrieben wird. Zu den wichtigsten Acts von »Carrere« zählen Bands wie Ottawan (*D.I.S.C.O.*), die Gibson Brothers *(Que serà mi vida)* oder der französische Sänger Richard Sanderson, der mit dem Titelsong *Reality* aus dem Film *La Boum – Die Fete* mit Sophie Marceau in der Hauptrolle Anfang der Achtziger einen Riesenhit landen konnte.

Europa soll 1988 erobert werden. Um auf einen Schlag bei einem Millionenpublikum in den wichtigsten europäischen Ländern bekannt zu werden, soll Céline unbedingt bei dem renommierten Grand Prix d'Eurovision, dem Schlagerwettbewerb, teilnehmen und nach Möglichkeit natürlich auch gewinnen. Dieser Liederwettstreit wird bereits seit 1956 jedes Jahr ausgetragen. In den Führungsetagen von CBS ist auf einmal die

Rede davon, daß Céline Dion an diesem renommierten Wettbewerb teilnehmen solle. Das könnte im Falle eines Sieges Titelseiten der großen Magazine sowie Berichte und Interviews in Presse und Fernsehen bedeuten. Die Frage, die sich nun stellt, ist die: Wie kann eine kanadische Sängerin bei einem europäischen Musikfestival teilnehmen? Eine Lücke in den Reglements hilft weiter. Der Grand Prix ist kein Wettbewerb der ausführenden Künstler, sondern der Autoren der Lieder. Diese Autoren müssen aus einem europäischen Land stammen. So nimmt 1988 zum ersten Mal in der Geschichte des Song Contests eine Künstlerin teil, die nicht aus einem europäischen Land kommt.

Weil sie noch kein Englisch kann, ist es für einen englischsprachigen Titel noch zu früh. Also wird ein Autorenteam gesucht, das einen französischsprachigen Song für Céline schreiben soll. Fündig wird man in der Schweiz. Die Komponistin und Texterin Nella Martinetti aus dem Kanton Tessin verfaßt zusammen mit Attila Sereftug das Lied *Ne partez pas sans moi*, das sie für die nationale Schweizer Vorentscheidung zum Grand Prix einreichen möchte. Den Vorschlag von CBS, diesen Song von Céline Dion interpretieren zu lassen, nimmt Nella Martinetti an. Die Startbedingungen sind günstig. Nella Martinetti hat zwei Jahre zuvor beim Grand Prix der Volksmusik, ausgetragen zwischen Deutschland, Österreich und der Schweiz, mit ihrem Titel *Bella Musica* gewonnen. In Quebec hält sich allerdings die Begeisterung über *Ne partez pas sans moi* in Grenzen. Weder Céline noch René sind besonders angetan. Céline lehnt sowohl den Text als auch die Musik als »schwülstig« ab (Germain S. 316), läßt sich aber schließlich doch dazu überreden, den Titel zu singen. Insgesamt bewerben sich 250 Titel für die nationale Vorausscheidung in der Schweiz. Neun Titel, darunter der von Martinetti und Sereftug, kommen am 9. Februar 1988 in die nationale Endausscheidung, die im Schweizer Fernsehen live ausgestrahlt wird. Per TED stimmen die Zuschauer ab und küren *Ne partez pas sans moi* zu ihrem Lied für Dublin. Nachdem Johnny Logan 1987 mit *Hold Me Now* zum zweiten Mal (zum ersten Mal 1980 mit *What's Another Year*) den Schlagerwettstreit gewonnen hat, findet das Festival, das traditionell im Land des Vorjahrssiegers ausgetragen wird, diesmal in Irland statt. Austragungsort ist Dublin. Am 30. April ist es endlich soweit. In Begleitung von René, ihrer Mutter und einem Team von CBS hat Céline ihren großen Auftritt in Europa. 600 Millionen Zuschauer weltweit verfolgen dieses Spektakel. Die Punktevergabe ist ein Spiel mit den Nerven zweier Beteiligter, die sich von Anfang an als Favoriten herauskristallisiert haben: Scott Fitzgerald, der mit dem Titel *Go* Großbritannien vertritt, und Céline Dion. Für beide steht viel auf dem Spiel. Fitzgerald, der zehn Jahre zuvor im Duett mit Yvonne Keeley und dem Titel *If I Had Words* einen Riesenhit in Europa gelandet hat, plant sein Comeback, Céline ihren Durchbruch in Europa. Die sechs Punkte von Jugoslawien sind schließlich die entscheidenden: mit nur einem Punkt (137) Vorsprung gewinnt Céline vor Fitzgerald. Damit geht die Schweiz zum zweiten Mal als Siegerin aus diesem Wettbewerb hervor. In der allerersten Ausgabe des Grand Prix, am 24. Mai 1956, hat die Schweiz zum ersten Mal gewonnen: mit dem Song *Refrain*, interpretiert von Lys Assia.

Die kanadische Schlagersängerin soll mit ihrem Auftritt noch einen ganz besonderen Rekord gebrochen haben – als Siegerin mit der größten Dauerwelle in der Geschichte des Wettstreits (*Kölner Stadtanzeiger*, 9./10. Mai 1998). Fest steht jedoch, daß Céline mit dem biederen weißen Kostüm, in dem sie auftritt, das Klischee der braven, bescheidenen Grand-Prix-Sängerin voll erfüllt und auch heute noch erfüllen würde.

Zusammengefaßt stellt sich der siegreiche Abend für Céline wie folgt dar:

Gastgeberland: Irland
(Vorjahressieger Johnny Logan mit *Hold Me Now*)
Austragungsort: Royal Dublin Society, Dublin
Datum: 30. April
Moderatorinnen: Pat Kenny und Michelle Rocca
Teilnehmerländer: 21

Top 5		**Punkte**
1	Schweiz – Céline Dion – *Ne partez pas sans moi*	137
2	Großbritannien – Scott Fitzgerald – *Go*	136
3	Dänemark – Hot Eyes – *Ka' du se hva' jeg sa'*	92
4	Luxemburg – Lara Fabian – *Croire*	90
5	Norwegen – Karoline Krüger – *For vår jord*	88
14	Deutschland – Maxi & Chris Garden – *Lied für einen Freund*	48

Die meisten Punkte an die Schweiz vergaben: Schweden, Deutschland, Portugal (jeweils 12); Großbritannien, Niederlande, Griechenland (jeweils 10).

Quelle: Paul Gambaccini u. a.: *The Complete Eurovision Song Contest Companion.* London 1998.

In den nächsten Wochen stehen Promotion- und Pressetermine in Célines Kalender. Sie bereist beinahe ganz Europa und wird als Newcomerin gefeiert. In Deutschland tritt sie am 14. Mai bei Thomas Gottschalk in »Wetten, daß ...?« auf. Die Platte wird hauptsächlich in den französischsprachigen Ländern Europas ein Erfolg und verkauft sich 300 000mal in Europa. In Deutschland hat das Lied in der regulären Verkaufshitparade, damals noch Top 75,[3] keine Chance. Allerdings steht das Lied

3 Erst im Herbst 1989 wird die offizielle deutsche Verkaufshitparade aufgestockt auf 100 Plätze.

zwei Wochen lang in den Airplay Top 50 und schafft es bis Platz 36. Dies ist die erste offizielle Chartnotierung in einer Hitparade in Deutschland. Traditionelle Chansons, die als Siegertitel aus diesem Wettbewerb hervorgehen, haben es in Deutschland eher schwer. Wenn sie überhaupt den Sprung in die Verkaufshitparade schaffen, erreichen sie meist nur die hinteren Plätze. Diese bittere Erfahrung mußten in den achtziger Jahren zum Beispiel die Gewinnerin für Luxemburg, Corinne Hermès, mit dem Chanson *Si la vie est cadeau* (# 67, 1983) und die Wallonin Sandra Kim 1986 mit *J'aime la vie* (# 50) machen. Auch wenn der große Erfolg letztlich ausbleibt, kann sich Céline Dion in die Garde derjenigen Grand-Prix-Gewinnerinnen einreihen, die auch nach ihrem Sieg noch erfolgreich sind, wie z. B. Udo Jürgens, France Gall, Abba, Vicky Leandros, Brotherhood Of Man, Bucks Fizz und Nicole. Nach dem Terminstreß in Europa kehrt Céline mit ihrem Team am 29. Mai 1988 nach Montreal zurück. In Europa ist der Sieg Anlaß genug, ein Album mit den besten Titeln ihrer bisherigen Karriere, darunter auch dem Grand-Prix-Siegerlied, zu veröffentlichen. Es kommt in Deutschland unter dem Titel *Vivre* auf den Markt, in den anderen europäischen Ländern heißt es schlicht *The Best Of.*
Doch auch *Vivre* kann sich nicht in den deutschen Top 75 plazieren.
Für CBS ist es nun an der Zeit, zunächst in Frankreich, später auch in den anderen Ländern Europas, *Incognito* auf den Markt zu bringen.
Zurück in Quebec, bekommt Céline nach einer dreijährigen Unterbrechung 1988 wieder den Musikpreis »Félix« verliehen. Sie wird für das beste Lied des Jahres, *Incognito,* und als Sängerin des Jahres 1988 geehrt. Außerdem wird sie als diejenige Künstlerin gewürdigt, die Quebec am besten im Ausland vertreten hat. Sie erhält zudem einen Preis für ihre Liveshow.

5. Die neunziger Jahre – Célines zweite Karriere

1989 wird es endlich soweit sein: Célines erstes englischsprachiges Album soll auf den Markt kommen und den Weg ebnen, damit sie zum weiblichen Superstar der neunziger Jahre wird. Nachdem mit Sony Music vertraglich alles unter Dach und Fach ist, gilt es nur noch eine letzte Hürde zu nehmen: die Sprachbarriere. Da Céline bislang lediglich gebrochen englisch spricht, schreibt sie sich erneut bei »Berlitz« für Sprachkurse ein, diesmal allerdings nimmt sie Unterricht in Englisch. Die Amerikaner sollen nicht sofort ihren französischen Akzent heraushören. Sie übt sehr intensiv, um sich eine möglichst authentische englische Aussprache anzueignen.

Bei den Aufnahmen zu ihrer ersten englischsprachigen Platte, die vorwiegend in den »Chartmaker Studios« in Los Angeles stattfinden, spielt sie auch des öfteren vor anderen Künstlern. Einige sind derart von ihrer Stimme und ihrem Charisma begeistert, daß sie sie bitten, auf ihren Alben mitzuwirken. So kommt es 1989 zu einer Zusammenarbeit mit Billy Newton Davis, mit dem sie das Duett *Can't Live With You, Can't Live Without You* aufnimmt, das auf dem Album *Spellbound* von Newton Davis erscheint. Besonders groß ist die Ehre, mit dem aus Toronto stammenden Sänger Dan Hill zu arbeiten. Hill gilt als einer der ganz großen Sänger und Songwriter des anglophonen Kanada. Mit den Songs *Sometimes When We Touch* (1977) und *Can't We Try* schaffte er (1987) zwei Top-Hits in den US-Billboard-

Charts. Außerdem tritt er als Songwriter für Größen wie Tina Turner, George Benson oder Jeffrey Osborne in Erscheinung. Er wird später auch für Céline schreiben. Das Duett *Wishful Thinking* mit Dan Hill und Céline Dion erscheint 1989 auf Hills Album *Real Love*.

Nach einem Jahr intensiver Arbeit ist es im Frühjahr 1990 dann endlich soweit: Das erste Album von Céline Dion in englischer Sprache erscheint, unter dem Titel *Unison*. Die »Release-Party« des Albums findet in Montreal statt, und zwar im ältesten und größten Kulturtempel der Stadt, im Métropolis. Insgesamt faßt dieser Show- und Tanzkomplex 6000 Besucher. Und die kommen tatsächlich auch: bereits kurz nach Ankündigung dieser Party ist das Métropolis restlos ausverkauft. Zum ersten Mal gibt Céline in ihrem Heimatland ein Konzert nur in englischer Sprache. Für alle Beteiligten ist das ein Wagnis, doch das Publikum ist euphorisch und feiert Céline Dion wie so oft auch diesmal mit nicht enden wollendem Applaus. Sie singt ausschließlich Titel aus dem Album *Unison*. Paul Burger, der Präsident der Sony Music Kanada, ebenfalls bei diesem Ereignis anwesend, nimmt die Stimmung des Publikums begeistert zur Kenntnis. Obwohl Céline ihr Showprogramm in englischer Sprache bestreitet, zeigt sich doch in der anschließenden Pressekonferenz, daß sie keineswegs sicher genug ist, sich auch auf englisch zu unterhalten. Auf die Fragen der Journalisten antwortet sie, auch wenn sie englisch gestellt sind, in ihrer Muttersprache.

Mit der Veröffentlichung von *Unison* ist Céline Gesprächsthema in ganz Kanada. Unmittelbar an diesen Abend schließt sich eine mehrwöchige Tournee vor allem durch das anglophone Kanada an. Toronto, Ottawa, Ontario heißen nun die Städte, die auf ihrem Terminkalender stehen. Seit dem Longplayer *Unison* liegt ihr endlich ganz Kanada zu Füßen.

Dieses Album ist für die 21jährige der Beginn einer zweiten Karriere: »Ich glaube, es ist sozusagen mein zweites Debütalbum.« Der Albumtitel *Unison* (deutsch Einklang) ist beinahe programmatisch, denn die Kritikerstimmen sind wirklich einstimmig: Céline ist ein Multitalent. Ihre Fünf-Oktaven-Stimme ist derart variabel, daß sie sie ohne weiteres auch in anderen Sprachen einsetzen kann. »Sie hat keine Angst vor anderen Sprachen oder anderen Kulturen« (Passion Céline Dion).

In Kanada kaufen rund 600 000 Fans dieses Album, weltweit stehen die Verkaufszahlen mittlerweile bei zwei Millionen. Es ist das erste Album, das weltweit, insgesamt in 16 Ländern, veröffentlicht wird. Es wird jedoch noch ein Jahr dauern, bis auch die Amerikaner richtig auf den Geschmack kommen. Erst im Sommer 1991 bekommt sie von der »Recording Industry Association of America (RIAA)« für 500 000 verkaufte Einheiten die goldene Schallplatte überreicht.

Um die Aufmerksamkeit der Amerikaner zu erlangen, geht René einen ähnlichen Weg wie zu Beginn der Achtziger in Quebec und in Frankreich. Durch seine vielfältigen Medienkontakte gelingt es ihm auch diesmal, für Céline einen Auftritt in einer überaus beliebten Fernsehsendung zu organisieren. Damals hatte sie ihre ersten Auftritte bei Michel Jasmin bzw. Michel Drucker. Im Herbst tritt sie in der äußerst populären »Tonight Show« von Johnny Carson auf, einer der erfolgreichsten und meistgesehenen Talkshows der USA, deren Konzept auch in anderen Ländern übernommen wurde. Durch diesen Auftritt wird sie in den USA einem Millionenpublikum bekannt.

In ihrer Heimatprovinz gilt es auch dieses Jahr wieder Preise bei der jährlichen ADISQ-Gala abzuräumen. Doch im Herbst 1989 ist alles anders als sonst; Céline Dion sorgt für einen handfesten Eklat. Die Quebecerin fühlt sich mißverstanden und ist enttäuscht, weil sie von den Juroren als beste englischsprachige Künstlerin ausgezeichnet wird. Céline weigert sich, diese Trophäe anzunehmen. Sie sei eine frankophone Sängerin, die auch auf englisch singe. Genauso könne sie spanisch oder italienisch singen. Eine italienischsprachige Künstlerin wäre sie deswegen noch lange nicht. Hinter den Kulissen brodelt es. Die Presse bezeichnet Céline Dion als »unverschämt« und »arrogant«. René versucht, die Sache wieder ins Lot zu bringen und erklärt vor den Journalisten: »Sie müssen verstehen, daß Célines Muttersprache Französisch ist. Sie singt noch nicht lange auf englisch und fühlt sich deshalb natürlich in dieser Sprache nicht zu Hause. Ich habe Céline geraten, ihre eigene Entscheidung zu treffen und dem Publikum offen und ehrlich zu sagen, ob sie die Auszeichnung möchte oder nicht. Es war ihre eigene Entscheidung, die Trophäe abzulehnen. Niemand hat sie dazu überredet« (Beaunoyer S. 195 f.). Der Präsident von ADISQ, André Ménard, sieht das weniger gelassen und äußert sich empört: »Sie wird die Konsequenzen für ihre Zukunft zu tragen haben!« (Beaunoyer S. 196). Doch diese ganzen Negativäußerungen in den Zeitungen und im Rundfunk schaden der Karriere der sympathischen Frankokanadierin nicht. Die Verkaufszahlen sprechen für sich. Die Fans halten ihr die Treue, und nicht nur in Quebec. Der Eklat gerät schon bald in Vergessenheit, denn mit dem Anbruch des neuen Jahrzehnts bricht auch ein neues Zeitalter für Céline Dion an: sie erobert Amerika und den Rest der Welt.

(If There Was) Any Other Way heißt der Song, mit dem Céline international durchstarten will. Doch dieser fröhliche Midtemposong wird wider Erwarten nur ein mittelmäßiger Erfolg in den USA. Dafür wird dieser Titel vielen Radiohörern ausgerechnet in Deutschland für einige Wochen nicht aus dem Ohr gehen. Der Song steht bei zahlreichen Rundfunkstationen auf der Playlist, so daß er am 22. 12. 1990 in die Airplay Top 50 von media control kommt. Acht Wochen ist *(If There Was) Any Other Way* in der Hitparade notiert, erreicht jedoch nur Platz 43. In die offiziellen Verkaufscharts kommt die Single nicht. Überhaupt werden bis zum ersten richtigen kommerziellen Erfolg in

Deutschland noch einige Jahre ins Land ziehen. Einem größeren Publikum in Deutschland dürfte Céline Dion 1991 übrigens erstmals auf der von Sony Music Germany seit 1987 jährlich in der Vorweihnachtszeit herausgegebenen Hitkopplung *Kuschelrock* (Folge 5) bekannt geworden sein. Hier ist ihr Song *Where Does My Heart Beat Now* neben anderen angesagten Schmuseballaden vertreten.

Ein zweiter Auftritt bei Johnny Carson Ende 1990 mit eben dem Song *Where Does My Heart Beat Now* bringt sie endlich in die amerikanischen Billboard Top 100. Am 5. Januar 1991 ist die Single zum ersten Mal notiert, und sie hält sich insgesamt 24 Wochen in der Hitparade. Am 9. März 1991 erreicht der Titel mit Platz 4 seine höchste Notierung. Die Top Five am 9. März in den US-Billboard-Charts sehen wie folgt aus: Platz 5 *Show Me The Way* von »Styx«; Platz 4 Céline Dion mit *Where Does My Heart Beat Now;* Platz 3 *All The Man That I Need* von Whitney Houston, Platz 2 *One More Try* von Timmy T und die Nummer 1 geht an Mariah Carey für den Song *Someday.* Céline reiht sich damit zum ersten Mal in die Garde der großen englischsprachigen Diven ein. Die beiden Amerikanerinnen Mariah Carey und Whitney Houston bekommen ernstzunehmende Konkurrenz.

Céline ist wirklich ein Phänomen. Nachdem sie gerade eben den amerikanischen Musikmarkt erobert hat, steht sie daheim in Quebec zum ersten Mal als Schauspielerin vor der Kamera. Die smarte Sängerin gibt ihr Schauspieldebüt in einer kanadischen Fernsehserie: *Des fleurs sur la neige.*

Die Miniserie, die vier Folgen umfaßt, wird im März 1991 von »Radio Canada« ausgestrahlt. Céline Dion spielt die Rolle der Elisa T., einer Heranwachsenden, die sich gegen ihre Eltern auflehnt. »Zunächst war ich sehr skeptisch, ob ich dieses Angebot überhaupt annehmen sollte oder nicht. Schließlich hatte ich kaum Zeit, mich neben der Musik auch noch der Schauspielerei zu widmen. Doch als ich das Drehbuch las, war ich sehr angetan von der Figur der Elisa T., so daß ich schließlich zusagte« (Beaunoyer S. 198).

Jean Lapage, der Regisseur dieser Serie, widmet sich Céline ganz besonders, weil sie schauspielerisch noch unerfahren ist und zugleich auch recht zurückhaltend und zerbrechlich wirkt. Céline geht voll in der Rolle der Elisa T. auf. Am liebsten erinnert sie sich an die zweite Episode von *Des fleurs sur la neige*, in der sich Elisa in ihren Cousin Antoine Saint-Laurent verliebt. Nach der Ausstrahlung dieser Miniserie bekommt sie für ihre schauspielerische Leistung begeisterte Kritiken; die Rede ist von einer »einzigartigen Performance«.

Den Beweis, daß Céline es in ganz Kanada geschafft hat, bekommt sie im April 1991, als ihr in Toronto der »Juno Award« verliehen wird. Dieser Preis ist nach Pierre Juneau benannt, der unter anderem erster Vorsitzender des »Conseil de la Radio et de la Télévision du Canada (CRTC)« war, und ist vergleichbar mit dem amerikanischen »Grammy Award«. Céline bekommt den Preis sowohl als beste Sängerin des Jahres als auch für das Album des Jahres, *Unison*.

Im April 1991 widmet ihr der kanadische Musiksender »Musique Plus«, zu vergleichen mit MTV oder Viva, anläßlich des einjährigen Jubiläums der Veröffentlichung ihres Albums *Unison* ein dreistündiges Special. Dieses Special zeichnet die Karriere der Sängerin nach und zeigt auch zahlreiche Konzertausschnitte.

Am 19. Juni 1991 feiert Céline Dion ihr zehnjähriges Bühnenjubiläum. 1981 ist sie zum ersten Mal öffentlich aufgetreten, in der Talkshow von Michel Jasmin. Im »Forum de Montréal« gibt sie aus diesem Anlaß ein Jubiläumskonzert, bei dem sie von *Ce n'était qu'un rêve* bis *Where Does My Heart Beat Now* alle ihre großen Hits vorträgt. Begleitet wird sie von dem renommierten »Orchestre Métropolitain« unter der Leitung von Richard

Céline hat oftmals guten Grund zu feiern © action press/All Action

Grégoire. Dieses Ereignis wird auch fürs Fernsehen aufgenommen. Die Erlöse dieses Abends gehen an die Fibrose-Stiftung.

Im Oktober wird sie erneut mit zwei »Félix«-Trophäen ausgezeichnet. Diesmal bekommt sie den Ehrenpreis von der »Union des Artistes«, die höchste Auszeichnung, die einer Musikerin aus Quebec zuteil werden kann. Außerdem wird sie wiederum für ihr Auftreten im Ausland geehrt.

Nachdem Céline bereits als 16jährige 1984 vor Papst Johannes Paul II. singen durfte, hat sie nun die Ehre, am 29. Oktober 1991 im »Centre National des Arts« in Ottawa für Prinz Charles und Lady Diana zu singen. Der kanadische Premierminister Brian Mulroney hat sie persönlich zu dieser Festveranstaltung eingeladen. An die Gala schließt sich ein festliches Dinner an, zu dem Céline ebenfalls geladen ist. Sie darf direkt neben »Englands Rose« Lady Diana sitzen. »Ich finde sie einfach bewundernswert. Sie ist so charmant und lieb. Damals war ich überglücklich, vor ihr singen zu dürfen und nachher sogar noch neben ihr zu sitzen. Wir wurden einander vorgestellt. Die meiste Zeit unterhielten wir uns über unsere Familien, unsere Geschwister« (Beaunoyer S. 205 f.).

Einige Zeit später steht Céline Dion wieder auf der Bühne, in der Megadisco »Métropolis« in Montreal. Und wieder ist alles rappelvoll. Der Grund: Céline Dion veröffentlicht ihr neues Album *Dion chante Plamondon*. Über 200 Journalisten kommen zur Albumvorstellung nach Montreal. Mit diesem Album erfüllt sich die Kanadierin einen besonderen Wunsch: sie interpretiert zwölf Songs des französischen Textschreibers Luc Plamondon. Acht Titel sind Coverversionen, vier hat Luc extra für Céline geschrieben. Gemeinsam mit dem Komponisten Michel Berger hat Luc Plamondon Ende der siebziger Jahre die populäre französische Rockoper *Starmania* verfaßt. Im Laufe der Veranstaltung präsentiert sie auszugsweise einige Songs aus ihrer neuen

CD. Céline Dion will mit diesem Album zeigen, daß sie ihre Muttersprache nicht verleugnet. Außerdem stellt sie damit unter Beweis, daß sie gleichzeitig in französischer und in englischer Sprache Karriere machen kann und Erfolg hat. Nach vielen vergeblichen Anläufen kann sie nun endlich auch wieder in Frankreich überzeugen. Das Album wird dort zu einem überwältigenden Erfolg. Da Luc Plamondon genau wie Céline aus Quebec stammt und in Frankreich nicht jedermann ein Begriff ist, entscheidet die Plattenfirma, das Album in Frankreich unter dem Titel *Des mots qui sonnent* zu veröffentlichen.
Zu einer ganz besonderen Vertragsunterzeichnung kommt es am 18. Dezember 1991. In Anwesenheit von René Angélil, ihrem Manager, dem Präsidenten Robert Summer von Sony Music New York, dem Präsidenten von Sony Music Canada, Paul Burger, sowie Renés und Célines Anwalt Jamie Young unterzeichnet sie an diesem historischen Tag einen Vertrag über zehn Millionen Dollar mit Sony Music International. Das Besondere daran ist weniger die hohe Summe als die Tatsache, daß nie zuvor ein kanadischer Künstler einen derart lukrativen Vertrag mit Sony Music abgeschlossen hat. Der Vertrag hat eine Laufzeit von zehn Jahren. In dieser Zeit soll Céline Dion mindestens fünf Alben auf den Markt bringen. Sie wird fortan als neuer Topstar von Sony Music Entertainment gehandelt.
Im Winter 1991/92 singt Céline wieder einmal zugunsten einer Benefizveranstaltung. Peter Cetera, der ehemalige Leadsänger der Rockgruppe »Chicago«, und sein Freund und Kollege David Foster organisieren die Gala »Voices That Care«. Diese Wohltätigkeitsveranstaltung wird organisiert, um den Soldaten, die im Golfkrieg gegen Saddam Hussein kämpfen, Mut zu machen. Am 17. Januar 1991 beginnt der Krieg um das vom Irak zuvor besetzte Kuwait. Nachdem der irakische Diktator Saddam Hussein das UN-Ultimatum vom 15. Januar hat verstreichen lassen, beginnt zwei Tage später die »Operation Wüsten-

sturm« mit der Bombardierung Bagdads. An »Voices That Care« nehmen sowohl Künstler aus der Musikszene als auch Schauspieler teil. An dem Staraufgebot beteiligt sind unter anderem Little Richard, Michael Bolton, Al Jarreau sowie Cindy Crawford, Richard Gere, Chevy Chase, Kevin Costner, Michelle Pfeiffer, Sally Field und Whoopi Goldberg.
In Kanada läuft Céline Dion mittlerweile der ganzen musikalischen Konkurrenz den Rang ab. Die kanadische Musikpresse hat entschieden, sie mit dem Juno Award auszuzeichnen, der dem besten nationalen Künstler, der besten Künstlerin oder Gruppe verliehen wird. Schauplatz der Verleihung des kanadischen Musikpreises ist wie jedes Jahr das »O'Keefe Centre« in Toronto. Knapp 3200 Leute können in dieser Einrichtung, die 1960 von einer kanadischen Brauerei gebaut wurde, an kulturellen Veranstaltungen teilnehmen. Unter anderem sind hier das »National Ballet of Canada« und die »Canadian Opera Company« beheimatet. Céline Dion liegt mit Abstand vor ihren Konkurrenten Bryan Adams, den »Barenaked Ladies«, Tom Cochrane und »The Tragically Hip«. Tom Cochrane, ein Cousin des Rockabilly-Rockers Eddie Cochran *(Summertime Blues)*, seit den siebziger Jahren erfolgreicher Musiker in Kanada, kann 1992 einen weltweiten Hit mit *Life Is A Highway* landen und zählt neben Altstar Bryan Adams zu den Favoriten des Abends. Doch gegen die aufstrebende Diva sind alle chancenlos.
Was sich 1991 bereits deutlich abgezeichnet hat, setzt sich im neuen Jahr nahtlos fort: 1992 bedeutet für Céline Dion den endgültigen Durchbruch in den Vereinigten Staaten von Amerika. Für den Disney-Film *Die Schöne und das Biest (The Beauty and the Beast)* darf sie zusammen mit Peabo Bryson den Titelsong singen. An ihrem 24. Geburtstag, dem 30. März 1992, trägt sie diesen Titel gemeinsam mit Peabo Bryson während der 64. Oscar-Verleihung in Hollywood vor. Das Orchester, mit dem das Duo

zusammen auftritt, steht unter der Leitung von Bill Conti, der 1977 das Thema zum ersten *Rocky*-Film mit Sylvester Stallone, *Gonna Fly Now*, geschrieben, produziert und interpretiert hat. Für die Choreographie des Tanzensembles, das die beiden während des Auftritts begleitet, zeichnet Debbie Allen verantwortlich, die 1979 die Tanzszenen für den berühmten Musikfilm *Fame – Der Weg zum Ruhm* von Alan Parker choreographiert hat. In der Kategorie »bester Original-Song für einen Film« erhalten Peabo und Céline an diesem Abend auch die begehrte Filmtrophäe der Academy Awards. Bei der großen Aftershow-Party, mitorganisiert von Sony Music, trifft Céline auf eine ihrer größten Konkurrentinnen in den USA, Mariah Carey, die bis zu diesem Zeitpunkt schon fünf Nummer-eins-Hits in den Billboard Charts landen konnte.[4] Musikalisch zählen Mariah Carey, ebenfalls bei Sony unter Vertrag, und Céline neben Barbra Streisand zu den großen Stimmen Amerikas. Auch wenn Céline eine ernstzunehmende Konkurrentin ist, verstehen sich Mariah und Céline gut. Der prämierte Titelsong *Beauty And The Beast* schafft es später bis auf Platz neun der Billboard-Charts und wird Célines zweiter Top-10-Hit in den USA.

Einen Tag nach dem gigantischen Erfolg bei der Oscar-Verleihung erscheint ihr zweites englischsprachiges Album mit dem schlichten Titel *Céline Dion* und wird am selben Abend in Johnny Carsons populärer »Tonight Show« live vorgestellt. Ein Slogan wird an jenem Abend Programm: »Remember the name, because you'll never forget the voice!« (Merken Sie sich diesen Namen, denn Sie werden diese Stimme nie wieder vergessen!)

---

4 Die Nummer-eins-Hits von Mariah Carey zwischen 1990 und 1992 lauten: *Vision Of Love*, *Love Takes Time* (jeweils 1990), *Someday*, *I Don't Wanna Cry* und *Emotions* (alle 1991): Nach der Oscar-Verleihung führt Mariah Carey noch siebenmal die US-Charts an: *I'll Be There* (1992). *Dream Lover*, *Hero* (jeweils 1993). *Fantasy*, *One Sweet Day* (zusammen mit »Boyz II Men«) (beide 1995), *Always Be My Baby* (1996) und *My All* (1998). Die Nilsson-Coverversion *Without You* (1994) erreicht in den USA »nur« Platz 3, dafür in Deutschland und Großbritannien die Top-Position.

Das neue Album enthält neben dem Filmhit *Beauty And The Beast* noch weitere Hits, so den Song *If You Asked Me To*, der in den US-Charts den vierten Platz schafft. Aufgenommen wurde die CD in Kalifornien im Studio »Morin Heights«, verantwortlicher Produzent ist Walter Afanasieff, der auch schon für Mariah Carey und Michael Bolton gearbeitet hat.
Kritiker beschreiben das Album *Céline Dion* als eins der besten Popalben der vergangenen zwanzig Jahre. Die Arbeit hat sich gelohnt. Im Herbst erreicht sie in den USA Goldstatus, und wenig später sogar Platin. Auch der Song aus *Die Schöne und das Biest* wird mit Edelmetall honoriert.
Am 14. Mai 1992 bekommt Céline Dion zudem in Monte Carlo den »World Music Award« als erfolgreichste kanadische Künstlerin.
Am 1. Juli vertritt sie auf der Weltausstellung im spanischen Sevilla ihr Heimatland und singt im kanadischen Pavillon.
Im Juli 1992 schließt sich nahtlos die erste Tour durch Amerika an. Céline Dion singt im Vorprogramm von Michael Bolton auf dessen *Time, Love & Tenderness*-Tour. Bolton, bereits mit 13 als Rockmusiker aktiv, wechselte Ende der achtziger Jahre ins Balladenlager. Mit schwermütigen Balladen wie *How Am I Supposed To Live Without You* (# 1 USA 1989) oder der Coverversion des Percy-Sledge-Klassikers *When A Man Loves A Woman* (ebenfalls # 1 in den US-Charts, 1991) eroberte er die Herzen seiner vornehmlich weiblichen Fans. Die Kombination Dion-Bolton erweist sich als Erfolg. Zwei hervorragende Interpreten großer Balladen mit eindrucksvollen Stimmen füllen problemlos die großen Hallen der USA. Nicht ohne Grund ist seit dieser Tournee ein Duett mit Michael Bolton und Céline Dion im Gespräch. Bis heute ist es jedoch nicht zu einer derartigen Zusammenarbeit gekommen.
Im Herbst nimmt Céline wieder einmal an einer großen Wohltätigkeitsveranstaltung teil, nämlich an dem Konzert »For Our

Children« in Los Angeles, organisiert von der Walt Disney Company zugunsten von Kindern, die an der Immunschwächekrankheit AIDS erkrankt sind.
Schon beinahe selbstverständlich wird Céline in Quebec auch 1992 wieder mit dem »Félix« ausgezeichnet. *Dion chante Plamondon* wird Album des Jahres. Außerdem wird sie als erfolgreichste kanadische Künstlerin im Ausland gewürdigt.
Noch im gleichen Jahr singt sie für die englische Version der Plamondon-Rockoper *Starmania* die Lieder *Ziggy* und *Tonight We Dance*. Die englische Fassung wird unter dem Titel *Tycoon* veröffentlicht. *Ziggy* wird der langersehnte Hit in Frankreich. Seit *D'amour ou d'amitié* (1983) war es Céline nicht mehr gelungen, einen Tophit bei den Franzosen zu landen.
Die renommierte frankokanadische Tageszeitung *La Presse* aus Montreal zeichnet jedes Jahr Künstler und Künstlerinnen für besondere Verdienste ihres Schaffens aus. In diesem Jahr wird die Ehrung Céline Dion zuteil. Rückwirkend für das Jahr 1992 wird sie mit dem Preis für die »Persönlichkeit des Jahres« für ihr Werk und ihre Auftritte ausgezeichnet.
Eine weitere Wohltätigkeitsveranstaltung steht am 19. Januar auf dem Plan. Céline tritt bei der jährlich stattfindenden »Celebration For Youth«-Gala auf, die im Kennedy Center in Washington stattfindet. Sie singt, begleitet von dem weltberühmten Orchester von George Duke, vor dem soeben offiziell zum Präsidenten der USA gewählten Bill Clinton neben anderen Künstlern lediglich ein Lied: *Love Can Move Mountains*. Der Titel, auch als neue Single aus dem Album *Céline Dion* ausgekoppelt, wird ein Superhit. Ein Millionenpublikum verfolgt die Gala-Veranstaltung vor den Bildschirmen. Bei dieser Gelegenheit wird Céline persönlich von Amerikas First Lady Hillary Clinton begrüßt und gefeiert: »Céline, you were fantastic!«
Begeistert von Célines Auftritt ist auch die Disney Company. Disney verpflichtet Céline für die Teilnahme an einer Galafern-

sehshow zusammen mit Michael Bolton und der Soul-Legende Patti LaBelle *(Lady Marmalade).* Diese Show wird am 16. Februar auf dem amerikanischen Fernsehsender »Canal Disney« ausgestrahlt. Der Sender bringt außerdem ein einstündiges TV-Special über Célines jüngste Tournee durch Quebec.
Die Konkurrenz auf dem US-amerikanischen Musikmarkt ist sehr groß. Obwohl Céline Dion für die »American Music Awards« 1993 gleich in drei Kategorien nominiert ist, räumen andere Künstlerinnen ab. So wird beste Sängerin des Jahres Mariah Carey. Als beste Newcomerin des Jahres wird ausgerechnet eine andere Kanadierin ausgezeichnet: k. d. lang. Diese kann 1992/93 vor allem mit der wunderschönen Ballade *Constant Craving* ein großes Publikum weltweit überzeugen. Allerdings bestreitet Céline einen Teil des Showprogramms; zusammen mit Peabo Bryson singt sie ihren Megaerfolg *Beauty And The Beast.*
Was für Filmschaffende der Oscar ist, ist für Musikschaffende der Grammy-Award; er gilt weltweit als der renommierteste aller Musikpreise, mit ihm werden die Besten der Besten gekürt. Bei der 35. Grammy-Verleihung am 2. Februar 1993, die traditionell im »Shrine Auditorium« in Los Angeles stattfindet, ist Céline Dion auch in der Kategorie »beste Popsängerin des Jahres« nominiert: »Offen gesagt, rechne ich mir keine großen Chancen aus, zu gewinnen. Meine Mitstreiterinnen sind ein zu großes Kaliber« (Beaunoyer S. 242). Leichte Resignation klingt durch. Und wirklich, in dieser Kategorie geht sie leer aus, zu beliebt ist zu dieser Zeit Amerikas Superstar Mariah Carey. Die Zeit für den Grammy in dieser Kategorie ist 1993 für Céline noch nicht gekommen. Nominiert sind übrigens außerdem noch Annie Lennox, Vanessa Williams und k. d. lang.
Leer geht sie dennoch nicht aus. Es gibt wie jedes Jahr noch die Kategorie »Pop-Duo/Gruppe des Jahres«. Céline siegt im Duett mit Peabo Bryson mit dem bereits Oscar-prämierten Hit

1993 gewinnt Céline einen der begehrten Grammy-Awards

Beauty And The Beast. Sie hängt dabei Künstler von Weltrang ab, die fast alle bereits seit Jahrzehnten die Geschichte der Popmusik entscheidend mitgeprägt haben. Die Gruppe »Genesis«, die 1991/92 mit ihrem Meisterwerk, dem Album *We Can't Dance*, weltweit abräumte, ja selbst »Prince And The New Power Generation« mit seinen famosen *Diamonds & Pearls* werden auf die Plätze verwiesen. Auch eine der interessantesten Duettpaarungen der neunziger Jahre, George Michael & Elton John, hat mit der Neuauflage von Johns Klassiker *Don't Let The Sun Go Down On Me*, keine Chance. Ebenfalls unterlegen ist Ex-»Eagle« Don Henley mit seiner Duettpartnerin Patty Smyth, die 1992 endlich den langerwarteten Topseller mit der traumhaften Rockballade *Sometimes Love Just Ain't Enough* landen konnte.
Auch wenn sie als Solokünstlerin die begehrte Trophäe nicht bekommt, verändert dieser Abend Célines bisheriges Leben. Denn die Auszeichnung mit dem Grammy-Award bedeutet vor allem eins: jetzt zählt sie zu den ganz großen Künstlern der Welt. Und wenn eine Newcomerin auf amerikanischem Boden dann noch Megastars hinter sich läßt, kommt diesem Preis sowieso noch eine ganz besondere Bedeutung zu. Céline ist die erste Quebecerin, die je einen Grammy überreicht bekommt.
Sie braucht sich übrigens in Los Angeles nicht einsam zu fühlen, denn sie ist nicht die einzige Künstlerin aus Quebec, die bei der Gala teilnimmt: der weltweit bekannte »Cirque du Soleil« sorgt an jenem Abend für eine umwerfende akrobatische Showeinlage. Sony Music gibt sich großzügig und lädt nach der Grammy-Verleihung in einem Starrestaurant von Los Angeles zu einer riesigen Party ein. Zugegen sind unter anderem Mariah Carey und Célines großes Idol Michael Jackson. In den achtziger Jahren hat sie häufig Songs von »Jacko« imitiert, nicht nur zu Hause in ihren eigenen vier Wänden, sondern gelegentlich auch auf der Bühne. Ihr Lieblingssong aus dieser Zeit ist *Beat It* aus dem Rekordalbum *Thriller*. Nun hat sie zum ersten Mal in ihrem

Leben die Gelegenheit, den »King Of Pop« Michael Jackson persönlich zu treffen. Die Begegnung dauert nur wenige Minuten, Céline ist aber dennoch begeistert.

Der Preissegen in Amerika reißt 1993 nicht ab. Das *Billboard-Magazine*, Amerikas »Musikbibel«, zeichnet sie mit dem »Billboard International Creative Achievement Award« aus, einem Preis, der internationale Leistungen englischsprachiger Künstler ehrt.

Nur einen Tag später wird sie in Toronto bei den jährlichen »Juno-Verleihungen« gleich in vier Kategorien ausgezeichnet. Sie bestreitet auch hier einen Teil des Show-Rahmenprogramms. Gleichzeitig wird sie als beste Sängerin des Jahres geehrt. *Dion chante Plamondon* ist die bestverkaufte französischsprachige CD des Jahres. Das Lied des Jahres ist für die Fachjuroren *Beauty And The Beast*, und *Love Can Move Mountains* bekommt überraschenderweise eine Trophäe als beste Dancefloor-Platte.

Selbstverständlich wird Céline auch in Quebec für ihre Leistungen honoriert. Zwei »Félix«-Preise gehen an sie: wieder ist sie diejenige Künstlerin, die außerhalb Quebecs den größten Erfolg hatte. Und sie bekommt den ersten Preis für ihre nichtfrankophonen Leistungen, wird also ausgezeichnet als die Künstlerin, die den größten Erfolg in einer anderen Sprache als Französisch hat. Diese Kategorie ist übrigens nach dem Eklat von 1989 eingerichtet worden. Jetzt wird nicht mehr die beste englischsprachige Künstlerin geehrt, sondern die- oder derjenige, der eben den größten Erfolg in einer anderen Sprache als der französischen feiern kann.

Gute Kontakte und Beziehungen sind wichtig im Leben. So gelingt es Céline Dion erneut, für einen von den Disney-Studios produzierten Film am Soundtrack mitzuwirken. Sie steuert für die romantische Liebeskomödie *Schlaflos in Seattle*, in der Tom Hanks und Meg Ryan die Hauptrollen spielen,

zusammen mit dem Briten Clive Griffin das Duett *When I Fall In Love* bei.
Der 8. November markiert einen weiteren Meilenstein in Célines Karriere: vor ausverkauftem Haus, im »Métropolis« in Montreal, veröffentlicht sie in Anwesenheit von Presse und Fans das Album, das für sie nicht nur den endgültigen, weltweiten Durchbruch bedeutet, sondern das zugleich ihr bis heute persönlichstes Album ist: *The Colour Of My Love.* Dieses Album ist voll und ganz ihrer großen Liebe René Angélil gewidmet, der mittlerweile vom Geschäftspartner zum Freund geworden ist und den sie 1994 heiraten wird. Auf dem CD-Inlay steht folgende Widmung geschrieben: »René, seit mehreren Jahren bist Du tief in meinem Herzen, ein großer Traum wurde wahr [...]. René, du bist *The Colour Of My Love.*« Die CD ist ein Album der Liebe geworden. Nicht weniger als sechs Titel enthalten das Wort »Love«!
Darüber hinaus bedeutet *The Colour Of My Love* auch den definitiven Durchbruch auf der ganzen Welt. Nun schafft Céline endlich den ersten Charteintrag für ein Album in Deutschland und erreicht sogar die ersten zehn. Sie wird fortan in einem Atemzug mit Mariah Carey und Whitney Houston genannt. Amerikanische Musikjournalisten scheuen selbst den Vergleich mit der großen Barbra Streisand nicht. Das Album enthält insgesamt drei verschiedene Nummer-eins-Hits, die es wiederum in drei ganz unterschiedlichen Ländern auf den vordersten Platz der Hitparaden bringen. In Amerika erreicht sie mit der Ballade *The Power Of Love* zum ersten Mal die Top-Position. Und wieder einmal gelingt es Céline, gleich ein komplettes Staraufgebot hinter sich zu lassen. Für die Neuauflage des Films *Die drei Musketiere* taten sich Bryan Adams, Rod Stewart und Sting zusammen und intonierten den Titelsong des Films *All For Love*, der vom 22. Januar bis 12. Februar 1994 die Spitzenposition hält. Am 12. Februar erobert Céline den Chartolymp mit dem stimmgewaltigen *The Power Of Love.* Die schwedische Popgrup-

pe »Ace Of Base« löst mit *The Sign* Céline nach nur vier Wochen von der Nummer eins ab, aber nichtsdestotrotz wird die Liebeshymne *The Power Of Love* eine der 50 erfolgreichsten Platten in der Geschichte der Billboard-Charts. Sie belegt diesen Spitzenplatz in allen Kategorien des Billboard-Magazine. Charles Alexander, Autor des renommierten *TIME-Magazine*, schreibt 1994 über *The Power Of Love* und Célines Interpretation: »Die Kraft, die hinter diesem Lied steckt, ist ihre Stimme, die alles singen kann, eine Stimme, die eine alte, sentimentale Ballade in eine phantastische Pop-Arie verwandeln kann. Diese Stimme gleitet vom sanften Gemurmel bis in die höchsten Töne, genau so wie eine Meerjungfrau, die Kraft und Charme miteinander kombiniert.«
Auf der anderen Seite des Atlantiks ist die Hitsingle eine andere: *Think Twice.*[5] Vor allem die Engländer finden Gefallen an der sanften Ballade. Allerdings wird der Titel erst gegen Ende 1994 ein Renner. Mitte Dezember 1994 muß Céline alles stehen und liegen lassen und sich auf den Weg nach London machen, zu der legendären Musikshow »Top Of The Pops«. Der Grund: *Think Twice* steht überraschend auf Platz acht der britischen Charts. Ein Auftritt bei »Top Of The Pops« ist fast schon obligatorisch, wenn sich ein derartiger Erfolg anbahnt. Die Reise lohnt sich: am 4. Februar erreicht Céline die Spitzenposition und löst die schwedischen »Rednex« mit ihrem Techno-Fun-Song *Cotton Eye Joe* an der Spitzenposition ab. Sieben Wochen gelingt es niemandem, Céline zu entthronen. Erst am 25. März wird sie von der Benefizplatte *Love Can Build A Bridge* – einem Projekt, an

---

5 Céline Dion ist auch ein großes Vorbild für Nachwuchskünstlerinnen. 1996 gewinnt die Bielefelderin Bianca Shomburg das Festival der von Linda de Mol präsentierten »Soundmix-Show« (RTL). Sie imitiert live ihr großes Idol und singt *Think Twice.* Der Schlagerkomponist Ralph Siegel nimmt sich daraufhin Bianca Shomburgs an. Er schreibt ihr das Lied *Zeit*, mit dem sie 1997 Deutschland beim Grand Prix vertritt; allerdings landet sie nur auf einem unverdienten Platz 18.

dem die Superstars Cher, Neneh Cherry, Chrissie Hynde und Eric Clapton mitgewirkt haben – abgelöst. Insgesamt kann sich *Think Twice* 31 Wochen in den britischen Singlecharts halten, das ist für britische Verhältnisse überdurchschnittlich lang.
Auch der Erfolg des Albums *The Colour Of My Love* läßt in Großbritannien nicht lange auf sich warten. Zeitgleich mit der Single *Think Twice* steht auch das Album sieben Wochen lang auf dem Spitzenplatz.
Céline ist darüber hinaus erst die dritte französischsprachige Künstlerin, die es je bis auf Platz eins der britischen Hitparade geschafft hat. Ihre Vorgänger waren im Herbst 1969 Jane Birkin & Serge Gainsbourg mit ihrer erotischen Liebeshymne *Je t'aime … moi non plus* und 1974 Charles Aznavour mit seinem Chanson *She*.
Die Top 10 der Insel erreichten bislang lediglich zwei weitere Stars, deren Muttersprache Französisch ist: 1975 Gilbert Bécaud mit *A Little Love And Understanding* (# 10) und Vanessa Paradis 1988 mit *Joe le taxi* (# 3) und 1992 noch einmal mit *Be My Baby* (# 6).
In Japan ist es das einfache Liebeslied *To Love You More*, das die Menschen begeistert und eine Rekordmarke setzt. Seit 1983 ist es keinem nicht-japanischen Künstler mehr gelungen, die Spitzenposition der japanischen Hitparade zu erobern. 1983 war dies Irene Cara mit dem Filmsong *Flashdance … What A Feeling* aus dem Musikfilm *Flashdance* vergönnt. *To Love You More* wird Teil des Soundtracks der beliebten japanischen Fernsehserie *Koibito Yo (Meine zarte Liebe)* und entwickelt sich daraufhin zum Bestseller.
In Deutschland fallen die Erfolge etwas bescheidener aus.
Die erste Notierung eines Céline-Dion-Hits in den von media control ermittelten Verkaufscharts Top 100 ist *Love Can Move Mountains*. Der Song bleibt acht Wochen notiert und erreicht gerade einmal den 61. Platz. Der Nummer-eins-Hit aus den

USA, *The Power Of Love*, schafft lediglich die Position 57. Als nächste Singleauskopplung folgt *Misled* mit einem enttäuschenden 83. Platz. Während die Ballade *Think Twice* in England bereits im Dezember 1994 einschlägt, kommt sie in Deutschland erst am 6. März 1995 in die Top 100. Nur langsam entdeckt auch das deutsche Publikum Céline. Insgesamt kann sich *Think Twice* 25 Wochen halten und erreicht schließlich als Peak-Position die Nummer 19. Wenn man bedenkt, daß Popballaden dieser Art in Deutschland, wenn überhaupt, eher untere Chartpositionen einnehmen oder bestenfalls Radiohits werden, ist diese Top-20-Position durchaus als großer Erfolg zu werten. Anderthalb Jahre später kann *Think Twice* übrigens in Deutschland einen überraschenden Wiedereinstieg für sieben Wochen verbuchen, die Single kommt noch einmal bis Platz 48.

Über Célines musikalisches »Vorleben« in Quebec ist in Europa bis dato kaum etwas bekannt. Viele wundern sich, daß eine Grand-Prix-Gewinnerin aus den frühen neunziger Jahren plötzlich wieder in den internationalen Charts auftaucht. Ihre Titel, die in Quebec, und teilweise auch in Frankreich, Hits geworden sind, sind hierzulande relativ unbekannt. Um dieses Defizit auszugleichen, übernimmt Sony Music in Europa die Lizenzen ihrer frühen Aufnahmen und veröffentlicht unter dem Titel *Les premières années* eine relativ gute Best-of-Compilation. Diese CD wird zunächst in einer geringen Stückzahl und vor allem in Frankreich veröffentlicht. 1995 kommt die Kopplung erneut auf den Markt, um das mittlerweile in Europa grassierende Céline-Dion-Fieber zu befriedigen.

Im Dezember 1993 tritt die Kanadierin in einem Weihnachtsspecial des amerikanischen Fernsehsenders »NBC« auf. Sie singt *The Christmas Song*. Das Lied erscheint auf dem *David Foster Christmas Album*. Zu diesem Special sind weitere Stars wie Julio Iglesias, Natalie Cole und Johnny Mathis eingeladen. Längst hat sich Céline Dion auch als gefragter Werbestar etabliert. In den Jahren zuvor hat sie in Kanada bereits Reklame für Diät-Cola und Chrysler gemacht. 1994 unterzeichnet sie einen Vertrag über 500 000 $ für eine Werbekampagne der kanadischen Warenhauskette »Baie d'Hudson«.

Ein unvergeßliches Datum für Céline Dion ist sicherlich der 22. Februar 1994: sie steht zusammen mit ihrem Idol Michael Jackson vor der Kamera. Die Jackson-Family lädt sie höchstpersönlich ein, in einem Fernsehspecial über die Jacksons aufzutreten. Bei der Sendung »The Jackson Family Honors« singt sie ihren Megaseller *The Power Of Love.* Aufgezeichnet wird die Show im Metro Goldwyn Mayer (MGM)-Hotel in Las Vegas, gesendet wird sie später im Jahr vom Fernsehsender »NBC«.

Gut zehn Jahre nach ihren ersten Auftritten im Pariser »Olympia«, im Vorprogramm des Sängers Patrick Sébastian, steht Céline am 28. und 29. September 1994 wieder auf der Bühne des weltbekannten Kulturtempels. Auf dieser Bühne haben Legenden wie Édith Piaf, Charles Aznavour, Johnny Hallyday oder der Belgier Jacques Brel Triumphe gefeiert. Diesmal ist Céline die einzige Attraktion, das Publikum kommt allein, um sie zu sehen: »La Dion.«

Während dieser Auftritte entsteht auch ihre zweite CD mit Liveaufnahmen: *Céline Dion à l'Olympia*, die Ende des Jahres veröffentlicht wird. Das Repertoire setzt sich zusammen aus Songs ihres Albums *Dion chante Plamondon*, einem Medley mit Titeln aus dem Musical *Starmania* sowie einigen ihrer englischsprachigen Hits, darunter *Where Does My Heart Beat Now.* Sie macht sich außerdem selber ein Geschenk, indem sie zwei ihrer Lieblingssongs singt, nämlich das Chanson *Elle* aus ihrem '85er Album *C'est pour toi* und den Love-Song *Calling You* aus ihrem Lieblingsfilm *Bagdad Café.*

Auch 1994 geht ein Preisregen hernieder. Sowohl bei der ADISQ-Gala als auch bei der Juno-Gala wird sie unter anderem als beste Sängerin prämiert.

Eine ganz besondere Auszeichnung erhält sie am 24. November. Das Album *The Colour Of My Love* kann sich in Kanada mehr als eine Million Mal verkaufen. Ein einsamer Rekord! Nie zuvor konnte ein Künstler oder eine Künstlerin aus Quebec so viele Einheiten eines Tonträgers umsetzen. Sie bekommt eine diamantene Schallplatte für diesen phänomenalen Erfolg.
In diesem Jahr singt sie erneut ein Weihnachtslied: *Petit Papa Noël.* Sie steht mit »Alvin und den Chipmunks«, den Protagonisten einer überaus beliebten Zeichentrickserie aus den USA, hinter dem Mikrofon. Zusammen mit den putzigen Backenhörnchen Alvin, Simon und Theodore singt sie dieses Lied für das Album *A Very Merry Chipmunk.* Die »Chipmunks« haben bereits 1959 ihren ersten Hit *The Chipmunk Song* veröffentlicht; damals mit »ihrer« ersten Stimme Ross Bagdasarian (1919–1972). Die Single schaffte es Weihnachten 1959 bis auf Platz eins der US-Charts. Immer wieder – mit jeweils anderen Stimmen versehen – tauchten die possierlichen Cartoonfiguren mit Platten in den Hitparaden auf. Unter anderem nahmen sie 1996 erfolgreich eine Gagversion des »Los del Rio«-Hits *Macarena* auf. Als Zeichentrickserie sind die »Chipmunks« auch bei deutschen Kindern sehr beliebt.
1995 veröffentlicht Céline Dion ein Album, das unzählige Rekorde bricht: *D'eux.* In Amerika wird die CD der Einfachheit halber und um bessere Absätze zu erzielen, als *The French Album* auf den Markt gebracht. Alle Titel auf *D'eux* sind von Jean-Jacques Goldman geschrieben, zusammengestellt und auch produziert. Das Album gilt als ein historisches Meisterwerk in der Geschichte der frankophonen Musik. Jean-Jacques Goldman war von der »goldenen« Stimme Célines bereits seit Jahren begeistert und wollte schon immer mit ihr zusammenarbeiten. Sie wiederum sieht in Goldman die optimale Chance, nun endgültig in Frankreich Fuß zu fassen. Die Rechnung geht auf. Dieses Album bricht auf einen Schlag mehrere Rekorde: Es wird

zum bestverkauften Album aller Zeiten sowohl in Quebec als auch in Frankreich. Weiterhin ist *D'eux* das bestverkaufte Album in französischer Sprache aller Zeiten und das erste französischsprachige Album, das in Großbritannien Goldstatus erreichen kann. Die französische Phonowirtschaft gibt im Sommer 1995 bekannt, daß von dem Album 57 000 Stück pro Tag über die Ladentische gehen. *D'eux* nimmt sieben Monate fast ununterbrochen Platz eins der französischen Popcharts ein. Zwischen dem 1. April 1995 und dem 1. April 1996 steht *D'eux* insgesamt 44 Wochen lang auf Platz eins. Ein beispielloser Rekord! Die Kanadierin schlägt in Frankreich auch den Verkaufsrekord ihres großen Idols Michael Jackson: *Thriller* (1983) war mit 2,5 Millionen verkauften Exemplaren bisheriger Rekordhalter in Frankreich. Céline übertrumpft dies mit sage und schreibe vier Millionen Einheiten. Außerdem dominiert die Singleauskopplung *Pour que tu m'aimes encore* 15 Wochen die Charts.

Sony verkündet im gleichen Jahr, daß Céline die erste und einzige ist, die es jemals geschafft hat, in einem Jahr die bestverkaufte Künstlerin sowohl im französischsprachigen als auch im englischsprachigen Teil der Erde zu sein.

Zu Recht wird sie in diesem denkwürdigen Jahr mit Preisen überschüttet: zwei »Juno-Awards« und ein »Brit Award« zu Beginn des Jahres sowie drei »Félix«-Trophäen im Herbst 1995.

Céline ist die Frau des Jahres. Das meinen zumindest die Leser und Leserinnen des französischen Lifestyle-Magazins *Gala* in einer Umfrage. Am 22. Januar 1996 wird Céline vom französischen Kulturminister zum »Ritter des Ordens der Künste und Literatur« geschlagen, und der Minister bezeichnet sie als gegenwärtig beste Botschafterin der französischen Sprache.

Knapp einen Monat bevor das neue englischsprachige Album *Falling Into You* auf den Markt kommt, erscheinen zwei Vorabsingles. In Amerika und Asien ist das zunächst *Because You Loved Me* aus der romantischen Disney-Komödie *Aus nächster Nähe* mit Robert Redford und Michelle Pfeiffer. In den anderen Ländern wird der Titelsong des Albums veröffentlicht. *Because You Loved Me* wird Célines zweiter Nummer-eins-Hit in den USA. Sie schafft es, den Dauerbrenner *One Sweet Day* von Mariah Carey & »Boyz II Men«, der seit dem 2. Dezember 1995 an der Spitze steht, am 23. März 1996 (nach gut drei Monaten also) vom ersten Platz zu verdrängen. Sechs Wochen später muß Céline die Top-Position allerdings wieder abgeben. Kurioserweise lösen sich die großen Diven gegenseitig ab: Mariah Carey holt sich den Spitzenplatz zurück mit *Always Be My Baby.*

In Europa hat die Single *Falling Into You* eher mittelmäßigen Erfolg. Während sie in Deutschland überhaupt nicht unter die ersten 100 kommt, schafft sie in Großbritannien immerhin den zehnten Platz. *Because You Loved Me* wird in Europa erst nach dem Kinostart von *Aus nächster Nähe* veröffentlicht. Daraufhin entwickelt sich der Lovesong auch in Europa zu einem Topseller. In Deutschland erreicht er im Sommer Platz 14 und in England Platz 5.

Am 30. März steigt die CD *Falling Into You* in die Top 50 von Frankreich ein. Allerdings nur auf Platz zwei. Der Grund: *D'eux* versperrt ihr die Spitzenposition. Erst in der zweiten Hitparadenwoche erklimmt das Album den ersten Platz.

Falling Into You wird Nummer eins in den USA und Großbritannien und kommt unter die ersten fünf in Deutschland. Das Album ist somit der erste große CD-Erfolg der 27jährigen in der Bundesrepublik.

Célines Kommentar: »Diesmal haben wir das Album auf den Bahamas aufgenommen. Die Stimmung war so entspannt. Die Sonne, der Strand, das Essen, das war eine ganz andere Atmosphäre. Es ist dadurch besonders farbenfroh geworden« (arte).

Im Frühjahr 1996 produziert der amerikanische Sender »ABC« für das Frühstücksprogramm »Good Morning America« eine Sendereihe über und aus Kanada; unter anderem ist auch eine Folge über Céline Dion geplant. Am 16. Mai findet die Livesendung statt, auf Renés Vorschlag wird direkt aus Quebec gesendet. Céline gibt ein Interview auf dem Balkon des malerischen Hotels »Château Frontenac«. In diesem 1893 errichteten schloßartigen Hotel trafen sich 1943 und 1944 Franklin D. Roosevelt und Winston Churchill auf Einladung des damaligen kanadischen Premierministers MacKenzie King. Das historische »Château Frontenac« ist eins der bedeutendsten Wahrzeichen von Quebec-City. Auf der »Terrasse Dufferin«, die sich vor dem »Château Frontenac« erstreckt und wegen der mächtigen Promenadenanlage und wegen des einzigartigen Blicks auf das St. Lorenz-Tal ein beliebtes Touristenziel ist, wird die Show fortgesetzt. Céline berichtet über ihre Karriere, erzählt aber auch von ihrer Heimatprovinz.
In den kommenden Monaten folgen 22 ausverkaufte Konzertauftritte in Kanada. Anschließend werden die Videoclips zu den beiden nächsten Singleauskopplungen aus *Falling Into You*, *All By Myself* und später *It's All Coming Back To Me Now* gedreht. Letzterer wird in einem Schloß in Prag aufgenommen. Das Resultat ist ein neunminütiger Minifilm. Beide Singles werden später weltweite Hits und belegen sowohl in den USA als auch in Großbritannien vordere Plätze in den Hitlisten. In Deutschland hingegen landen die Songs lediglich im Mittelfeld der Charts.
Ein globales Großereignis wird auch für Céline zu einem Höhepunkt. In der Hauptstadt des US-Bundestaates Georgia, Atlanta, werden am 19. Juli 1996 feierlich die 26. Olympischen Sommerspiele eröffnet. Bei diesem Weltereignis singt Céline die Hymne *The Power Of The Dream* – vor mehr als 3 Milliarden Fernsehzuschauern auf der ganzen Welt und 100 000 Anwesen-

den im Stadion. »Das ist bislang der schönste Augenblick meiner Karriere gewesen«, gibt die Sängerin anschließend zu, außerdem sei sie sehr nervös vor dem Auftritt gewesen. Doch ihre Fans geben ihr die Bestnote. Das renommierte amerikanische Nachrichtenmagazin *Time* nimmt diesen Auftritt zum Anlaß, Céline eine Titelseite zu widmen (12. August 1996). Die Titelstory dieser Ausgabe lautet »The Divas of Pop – Viva the Divas!«. Der Reporter Charles P. Alexander analysiert die abwechslungsreiche Karriere der Popdiva in den vergangenen Monaten und kommt zu dem Schluß, daß Céline 1996 die weitestgereiste Frau auf der ganzen Welt gewesen sein muß. Australien, Kanada, die Eröffnungszeremonie der Olympischen Spiele und direkt daran anschließend eine anstrengende Konzerttournee quer durch Amerika, von der Ostküste an die Westküste, von Boston bis Seattle.

Allerdings fordert der pausenlose Termindruck schließlich auch seinen Tribut. Die Konzerte in Portland (31. August) und in Seattle (1. September) muß sie absagen, weil sie Magenprobleme hat. Angeblich waren Streß und Vitaminmangel die Ursache dafür.

Und wenn die Chanteuse nicht auf der Showbühne steht, ist sie im Aufnahmestudio zu finden. Ihr Landsmann Paul Anka, der legendäre Popsänger, der in den fünfziger und sechziger Jahren mit Liedern wie *Diana*, *Lonely Boy* oder *Put Your Head On My Shoulder* Welthits landete, bringt in den USA das Album *Amigos* heraus. Auf dieser CD befinden sich spanische Versionen seiner größten Erfolge, und zwar lauter Duette mit anderen Künstlern. Célines Stimme schlägt auch Paul Anka in seinen Bann, so daß er die Sängerin bittet, mit ihm zu singen. Es entsteht der zweisprachige Song *Mejor decir adios (It's Hard To Say Goodbye).* Céline singt den spanischen, Paul den englischen Part. Allerdings bleibt sowohl für das Album als auch für die Single der große Erfolg aus.

Nach der kurzen Zusammenarbeit mit Anka nimmt Céline für die Benefizaktion »For Our Children« zwei Songs auf. Die erste Kompilation zu dieser Aktion ist bereits 1992 erschienen. Das zweite Album trägt den Titel *For Our Children Too;* die Erlöse unterstützen Kinder, die an der Immunschwächekrankheit AIDS leiden. Von Céline sind hier das Stück *Brahms' Lullaby* von Johannes Brahms zu finden und die Ballade *Love Lights The World*, die Céline Dion zusammen mit ihrem ehemaligen Duettpartner Peabo Bryson und dem erfolgreichen Soulquartett aus Oklahoma »Color Me Badd« *(I Wanna Sex You Up)* aufnimmt.

Im Oktober 1996 erscheint die dritte Live-CD der Kanadierin: *Live à Paris.* Aufgenommen wurde diese CD bereits ein Jahr zuvor in der Pariser Konzerthalle »Le Zénith« im La Villette-Park, einer der in jüngster Zeit angesagtesten Vergnügungsstätten von Paris. Der größte Teil des Repertoires besteht aus Stükken des ein Jahr zuvor erschienenen Albums *D'eux.* Bei zwei Songs wird Céline an diesem Abend sogar von Jean-Jacques Goldman persönlich begleitet. Sie singt die Titel *Les derniers seront les premiers* und *J'irai où tu iras* mit Goldman zusammen. Mit dieser Live-CD schreibt Céline am 1. November 1996 erneut Hitparadengeschichte in Frankreich. Sie ist der erste Act, der es schafft, gleichzeitig drei Alben in den französischen Top 20 zu haben: *Live à Paris* steigt von null auf eins ein und ist damit für Céline das dritte Nummer-eins-Album innerhalb eines Jahres in Frankreich. *Falling Into You* steht auf Platz sechs und *D'eux* nach anderthalb Jahren Chartspräsenz immerhin noch auf Rang 16. »Ich mache mir selber Konkurrenz« (*Time*).

1996 endlich entdeckt auch die deutsche Fachpresse Céline Dion. Sie erhält am 1. November 1996 den »Bambi« in der Kategorie »Beste Popkünstlerin des Jahres«. Der Preis wird jährlich vom Verlagshaus *Burda* und der Zeitschrift *Bunte* an Prominente für ihre Leistungen im Showbusiness verliehen.

Acht Millionen mal verkaufte sich Falling Into You *allein in den USA*

Natürlich steht auch die '96er »Félix«-Preisverleihung in Montreal ganz im Zeichen von Céline Dion, aber auch von René Angélil. Bereits während der MIDEM in Cannes wird sie Anfang des Jahres mit einem »Félix« für ihr Lebenswerk ausgezeichnet. Am 3. November, während der offiziellen ADISQ-Gala, bekommt sie fünf weitere Trophäen für ihr Schaffen überreicht, und zwar in folgenden Kategorien:
1. Interpretin des Jahres; 2. Künstlerin aus Quebec, die im Ausland am meisten erreicht hat; 3. Künstlerin aus Quebec, die im Ausland am meisten erreicht hat in einer anderen Sprache als Französisch; 4. Album des Jahres *(D'eux);* 5. Liveperformance des Jahres. Zum dritten Mal innerhalb von zehn Jahren wird auch ihr Manager und Ehemann René Angélil ausgezeichnet: als Manager des Jahres. Diese Auszeichnung hat René bereits 1987 und 1988 bekommen.
Sony Music gibt Ende 1996 bekannt, daß von *Falling Into You* zu diesem Zeitpunkt über 18 Millionen Exemplare (mittlerweile 23 Millionen), davon acht Millionen allein in den USA, verkauft worden sind. Sony Canada teilt mit, daß Céline mit 55 Platinschallplatten in Kanada die erfolgreichste Künstlerin aller Zeiten in ihrem Heimatland ist. Hinzu kommen zwei Diamantauszeichnungen, eine davon natürlich für *Falling Into You.* Übrigens kann Céline Dion 1996 weltweit die meisten CDs absetzen.
Einen ganz besonderen Auftritt absolviert die Sängerin am 23. Februar 1996. Die Reise führt sie nach Ostasien, in das Sultanat Brunei. Jedes Jahr lädt das Staatsoberhaupt, Sultan Muda Hassanal Bolkiah Mu'izzaddin Waddaulah, einer der reichsten Männer der Welt, zum Nationalfeiertag Bruneis internationale Stars zu einem Privatkonzert in sein Land ein. Auch Michael Jackson hat dort schon gesungen. Zu diesem Konzert werden die einflußreichsten Männer von Brunei geladen. Finanziell ist das sicherlich sehr lukrativ; man munkelt, daß Céline die stattliche Gage von sechs Millionen Dollar eingestrichen hat.

In den ersten Monaten des Jahres 1997 folgt ein erneuter Preisregen. Bei den »Grammy Awards« wird Céline mit zwei Trophäen für das Album *Falling Into You* ausgezeichnet. Vier »Juno Awards« erhält sie im März. In diesem Jahr bekommt Céline Konkurrenz von zwei weiteren Frauen, die ebenfalls aus Kanada stammen und weltweit erfolgreich sind: Rockröhre Alanis Morrissette, die mit den selbstkomponierten Songs ihres Albums *Jagged Little Pill* weltweit die vordersten Plätze der Hitparaden einnimmt, und Countrystar Shania Twain, die 1998 vor allem mit der Single *You're Still The One* in den USA und auch in Europa große Erfolge feiert. Beide Künstlerinnen sind neben Céline die großen Gewinnerinnen der '97er Juno-Award-Verleihung.
Bei der Oscar-Verleihung am 24. März passiert etwas ganz Besonderes. Zum ersten Mal tritt eine Künstlerin gleich zweimal auf. Zunächst singt Céline *Because You Loved Me*, den Hit aus *Aus nächster Nähe*, dann aber auch noch den Song *I Finally Found Someone*, ein Lied, das ursprünglich ihr Idol Barbra Streisand mit Bryan Adams für den Film *Liebe hat zwei Gesichter* aufgenommen hat. Doch die Streisand kann an jenem Abend aus gesundheitlichen Gründen nicht auftreten. Aber da dieses Lied für einen Academy Award nominiert ist, muß es auch gesungen werden. Natalie Cole ist im Gespräch, doch sie lehnt ab. So treten die Verantwortlichen an Céline heran und bitten sie, dieses Lied zu singen: »Ich war sehr aufgeregt, daß ich ein Lied von Barbra Streisand singen sollte. Sie ist immer noch mein großes Vorbild.«
Daß hinter diesem Auftritt noch eine ganz besondere Geschichte steht, wird sich im Kapitel »Let's Talk About Love – Céline und ihre Lieder« zeigen. Den Sieg als bester Originalfilmsong erringt übrigens der Titel *You Must Love Me* von Madonna. Das Lied stammt aus der Filmversion des Musicals *Evita*, in dem Madonna auch selber die Hauptrolle der Evita Perón spielt.

Nach 1991 stellt Céline 1997 erneut ihr schauspielerisches Talent unter Beweis. Sie spielt in der amerikanischen Miniserie *The Nanny* eine junge, mißhandelte Frau, die später auch ihr eigenes Kind mißhandelt. Die Rolle ist schwierig, aber Céline meistert sie bravourös und erntet gute Kritiken.
Und wieder zieht es sie in die Welt hinaus. Im Juni 1997 tourt Céline Dion durch die großen Stadien Europas. Ihr einziges – umjubeltes – Konzert in Deutschland gibt sie am 24. Juni in der Berliner Waldbühne.
Als Vorbote der im November erscheinenden CD *Let's Talk About Love* erscheint im Oktober ein umwerfendes Duett zweier stimmgewaltiger Frauen: *Tell Him* von Barbra Streisand und Céline Dion. *Tell Him* wird ein weltweiter Erfolg. Das Duett erscheint zeitgleich sowohl auf dem neuen Album der Dion als auch auf dem Album der Streisand, *Higher Ground.* Die Single erreicht vor allem in Europa vordere Hitparadennotierungen, in Deutschland stagniert sie allerdings bei Platz 25. In Japan wird im Oktober *Be The Man* veröffentlicht, ebenfalls aus dem neuen Dion-Album. Die Nummer wird für eine japanische Fernsehserie zur Untermalung benutzt, kommt daraufhin als Single auf den Markt und wird erfolgreich. Das Besondere daran ist, daß das Lied sowohl auf englisch als auch auf japanisch gesungen wird.
Am 16. November 1997 ist es dann soweit: Célines fünftes englischsprachiges Album *Let's Talk About Love* erscheint weltweit. Dieses Album wird ein Knaller. In den meisten Ländern der Welt steht es sofort auf Platz eins, in Deutschland allerdings erst einige Wochen später. Die Verkaufszahlen dürften die von *Falling Into You* mühelos übertreffen. Zwei eindrucksvolle Duette finden sich auf dem Album: *Tell Him* mit Barbra Streisand und *I Hate You Then I Love You* mit Luciano Pavarotti.
Am 19. Dezember läuft James Camerons Filmepos *Titanic* in den US-Kinos vom Stapel. Céline singt das Schlußlied des

Films, *My Heart Will Go On*, das ebenfalls auf dem jüngsten Album zu finden ist. *My Heart Will Go On* wird überraschenderweise zuerst in Deutschland ein Nummer-eins-Hit. Das Lied bleibt 13 Wochen an der Spitze der deutschen Top 100. Zunächst kann niemand es toppen, weder Madonna mit ihrem Comebackhit *Frozen*, noch Dieter Bohlen und Thomas Anders, alias »Modern Talking«, die 1998 ihr Revival feiern und ihren '84er Hit *You're My Heart, You're My Soul* in einer flotten Technodanceversion mit großem Promotionaufwand wieder in die Charts bringen. Erst der Berliner Punkgruppe »Die Ärzte« gelingt es in der letzten Aprilwoche 1998, Céline von der Spitzenposition zu vertreiben. Mit ihrem Klamauklied *Ein Schwein namens Männer/Männer sind Schweine* entthronen sie die Diva. Übrigens just in der Woche, in der auch *Titanic* in den Kinocharts den ersten Platz abgeben muß: an den Horrorstreifen *Scream 2* von Wes Craven.

In den USA geht im Februar 1998 zunächst das Soundtrackalbum, später auch Célines Hit an die Spitze. *My Heart Will Go On* steigt dort ebenso wie in Großbritannien von null auf eins in die Charts ein. In den USA allerdings scheinen sich mehr Käufer für die Alben (*Titanic*-Soundtrack und *Let's Talk About Love*) zu interessieren, so daß der Schauspieler und Sänger Will Smith mit *Gettin' Jiggy Wit It* Céline bereits nach einer Woche von der Pole-Position vertreiben kann. Filmfreaks kommen übrigens beim Kauf der Single gleich vierfach auf ihre Kosten: Neben dem *Titanic*-Song befinden sich noch Célines Film-Hits *Because You Loved Me*, *When I Fall In Love* und *Beauty And The Beast* auf der CD-Single. Anfang April 1998 erscheint zusätzlich eine Remix-CD von *My Heart Will Go On*. Hier sind neben der Originalversion noch drei verschiedene Dance-Remixe zu finden, teilweise unterlegt mit Original-Filmdialogen.

Im März ist erneut ein Beitrag von Céline Dion auf einer fremden CD zu finden. Sir George Martin, der mittlerweile 72jährige legendäre Produzent der »Beatles«, läßt auf seinem Album *In My Life* (benannt nach dem gleichnamigen John-Lennon-Song) Weltstars seine Lieblingssongs der vier Liverpooler singen. Mit von der Partie sind u. a. Phil Collins, Goldie Hawn und Jim Carrey. Céline Dion ist auf dieser CD mit dem »Beatles«-Cover *Here There And Everywhere* vertreten. George Martin ist derart von Céline begeistert, daß er für ihr letztes Album den Titel *The Reason* produziert. In dem CD-Booklet von *In My Life* bedankt sich Martin bei allen Mitwirkenden. Über Céline schreibt er: »Wir nahmen zwei Songs zusammen auf, einen für ihr Album, einen für meins. Beide waren grandios!« Das Album *In My Life* erscheint im März 1998.

Ende März 1998 dreht sich alles um die Zahl »30«: Der kanadische Superstar wird am 30. März dreißig Jahre alt. Ganz klar, daß zu diesem Anlaß eine gigantische Fete steigt. Auf einer riesigen Schokoladentorte in Form einer Schallplatte (zwei Meter Durchmesser) brennen dreißig Kerzen, die Céline nur mit Mühe ausblasen kann. Sie amüsiert sich mit ihrem Ehemann René, ihren Eltern, den 13 Geschwistern und 350 geladenen Gästen in Montreal.

Getreu dem Motto »Back to the Seventies« trägt Céline einen roten Hosenanzug mit weißen Punkten, ein buntes Kopftuch und eine schrille Brille. Mit weißen Schlaghosen, einem dazu passenden Jackett, Goldkettchen und Sonnenbrille gibt sich René ganz wie John Travolta in dem Filmklassiker *Nur Samstag nacht (Saturday Night Fever).*

Wenig später liefert Céline gegenüber der Presse ein Statement ab, das ihre Fanschar in der ganzen Welt ziemlich beunruhigt: »Ich will mich auf meine alten Tage vorbereiten. Das ganze Jahr 1. Klasse zu reisen, ist nicht das wahre Leben. Wichtig ist, daß das irgendwann aufhört. Ich bin gerne zu Hause, mit nichts Besonderem an, nicht geschminkt und nicht frisiert. Ich brauche Ruhe« (Viva Text).

Vielleicht sind ihr ja nur die ausgiebigen Geburtstagsfeierlichkeiten etwas zuviel geworden, denn ein Blick in den Terminkalender der Sängerin zeigt, daß in den kommenden Monaten für Ruhe und Entspannung wenig Freiraum bleibt. Auch von einem eventuellen Rückzug kann natürlich keine Rede sein.
So verkündet der Star-Tenor Luciano Pavarotti Anfang April auf einer Pressekonferenz die Teilnehmer des von ihm alljährlich organisierten Benefizfestivals »Pavarotti & Friends«, das in Pavarottis Heimatstadt Modena in Italien am 9. Juni 1998 stattfinden soll: die »Spice Girls«, Jon Bon Jovi, Stevie Wonder, Natalie Cole, Trisha Yearwood, die irische Popgruppe »The Corrs« und Céline Dion. Das Ereignis soll von Filmregisseur Spike Lee aufgenommen werden. »Ich bin sehr erleichtert, daß diese unglaublichen Musiker und Musikerinnen zugestimmt haben und mein ›Pavarotti & Friends‹-Festival unterstützen werden.« Der Erlös geht an leukämiekranke Kinder.
Am 14. April 1998 organisiert der amerikanische Musiksender »VH-1« in New York die Show »Divas Live«. Bei dieser fantastischen Gala treten die Weltstars Aretha Franklin, Gloria Estefan, Shania Twain, Mariah Carey und nicht zuletzt Céline Dion gemeinsam auf. Zunächst singt jede Künstlerin Titel aus ihrem eigenen Repertoire. Danach kommt es zu einem fulminanten Abschluß: die Sängerinnen bilden ein All-Star-Quintett und geben Carole Kings Klassiker *(You Make Me Feel) Like A Natural Woman* zum besten. Doch anscheinend herrscht nur auf der Bühne Harmonie. Die renommierte New Yorker Tageszeitung *Daily News* berichtet, Mariah Carey und Shania Twain hätten sich geweigert, sich mit den anderen drei Künstlerinnen fotografieren zu lassen. Aus diesem Grund wurde die geplante Fotosession abgesagt. Die drei anderen Sängerinnen finden das Verhalten von Mariah und Shania natürlich sehr arrogant.
Zwei Wochen später sieht die Welt allerdings schon wieder ganz anders aus. Céline Dion wird mit dem höchsten Orden

ihrer Heimatprovinz, dem »Orden von Quebec«, geehrt. Die Zeremonie findet im Parlament von Quebec statt. Der amtierende Premier Lucien Bouchard würdigt die Dreißigjährige als »beste Botschafterin der frankokanadischen Provinz« (*Westfälische Nachrichten*, 2. Mai 1998).

Für das Jahr 1998 sind noch zwei neue Alben von Céline Dion geplant. Seit März steht die Diva wieder mit Jean-Jacques Goldman im Studio und nimmt ihr nächstes französischsprachiges Album auf. »Sony Music« gibt im April bekannt, daß Céline im August in Amerika ihr drittes Weihnachtsalbum einspielen wird. Es soll ihre erste Weihnachtsplatte in englischer Sprache werden.

Über ihr Management erklärt Céline: »Ich werde eine Reihe von traditionellen Weihnachtsliedern, aber auch einige neue Titel aufnehmen. Genaueres zu den Liedern kann ich noch nicht sagen, da ich mich noch nicht entschlossen habe. Es werden wieder gute Produzenten und Autoren mitarbeiten [...]« (*Jam!Music* 4/98). Das Album wird voraussichtlich im Herbst 1998 in den Läden sein.

Immer wieder gehen Spekulationen durch die Gazetten, wann Céline ihren ersten Kinofilm drehen wird. Bislang sind entsprechende Ambitionen jedoch bis zum Jahr 2000 zurückgestellt worden. Im Gespräch ist eine Verfilmung des Lebens der französischen Diva Édith Piaf, Céline Dion soll die französische Chanteuse mimen.

Sicherlich wird sie auch in einem abendfüllenden Spielfilm ihre Frau stehen, denn was immer Céline in ihren fast zwanzig Karrierejahren anpackte, es wurde zum Erfolg. Wichtige Bausteine dieses Erfolges sind ihr Ehrgeiz und ihr Optimismus. Außerdem ist sie eine Kämpfernatur: »Ich glaube, daß ich eine sehr starke Frau bin. Ich weiß, was ich will. Egal, wie hart es ist und wie lange es dauert. Ich arbeite daran, bis ich es bekomme. Ich bin ein Stier, ein sehr starker Charakter« (arte 1998).

6. Die große Stimme live on stage

»Die Bühne ist mein Leben. Jeder Auftritt ist für mich eine neue Herausforderung. Als absolute Perfektionistin gebe ich auch beim hundertsten Konzert einer Tournee jeden Abend noch mein ganzes Herz. Das darf mein Publikum von mir erwarten – und ohne Herz kann ich ohnehin keinen Ton singen.«

(Acces All Areas, 6/1997)

Céline Dions Stimme bewegt die Massen. Jeder, der sie persönlich kennenlernt und zum erstenmal ihre Stimme hören darf, ist gerührt. Ganz gleich ob René Angélil oder Eddy Marnay, David Foster oder die Bee Gees, alle bewundern die Stimme, die fünf Oktaven umfassen soll.

Das Geheimnis ihrer ausdrucksstarken, emotionalen Stimme ist regelmäßiges Stimmtraining seit ihrer Kindheit. Mit Beginn ihrer Profikarriere Anfang der achtziger Jahre erhielt sie außerdem eine klassische Stimmausbildung.

Heute übt sie jeden Tag 15 bis 20 Minuten: »Wie ein Sportler muß ich meine Muskeln [Kehle, Stimmbänder] aufwärmen. Dafür gibt es bestimmte Techniken. Man muß die Stimme zunächst vorsichtig und langsam aufwärmen.«

Bei einem Konzert in Sherbrooke, Quebec, im Jahr 1989 passiert das Schlimmste, was einer Sängerin passieren kann – sie

verliert ihre Stimme und muß den Auftritt absagen: »Die Stimme zu verlieren ist die größte Angst einer Sängerin. Aber als mir mein Arzt sagte, es sei nur eine Erkältung, war ich schon wieder beruhigt. Man kann ein Leben lang so extrem singen wie ich, wenn man will« (arte).
Dazu gehört auch eiserne Disziplin. Steht abends ein Konzert an, spricht Céline ab dem späten Nachmittag kein Wort mehr, um ihre Stimme zu schonen.
Wenn sie sich auf eine Aufnahmesession im Studio vorbereitet, schweigt sie bis zu drei Tage vor dem geplanten Termin. Jean-Jacques Goldman erzählt von den Aufnahmen zu *D'eux:* »Bevor Céline ins Studio geht, spricht sie drei Tage lang mit niemandem mehr. Die ganze Kommunikation wird nur noch schriftlich geführt, wirklich die ganze« (*Time*).
Um ihre Stimmbänder zu schonen, lebt Céline Dion außerdem sehr gesundheitsbewußt und diszipliniert: »Ich rauche nicht und vermeide verqualmte Bars. Rauch ist nämlich Gift für die Stimmbänder. Außerdem trinke ich sehr viel Tee mit Honig und Zitrone und rühre kaum Alkohol an, höchstens mal ein Gläschen Wein oder Champagner. That's all!« (*Bravo* 19.3. 1998).
Freunde und Fachleute bescheinigen Céline die Ausnahmestimme dieses Jahrzehnts. Sie wird längst als Nachfolgerin der legendären Barbra Streisand gesehen.
Auf der Bühne gibt Céline heute alles. Ihre Bühnenshow hat sich im Lauf ihrer Karriere ebenso gewandelt wie ihr musikalisches Repertoire. Weg vom altbackenen Schlagerstar, der in Rüschenblusen französische Chansons singt, hin zur lasziven, erotischen Popdiva in Lacklederhosen mit Kurzhaarschnitt, die ein breites musikalisches Spektrum abdeckt.
Wichtig sind hier groovige Titel, um das Publikum mitzureißen, zum Aufstehen, Tanzen und Klatschen zu bewegen. Funkige Songs wie *Misled* oder *Love Can Move Mountains* sind

Célines tolles Konzert im Earls Court, London © action press/Paul Moss

ein absolutes Muß. Den Großteil ihrer Bühnenshows machen allerdings nach wie vor die Balladen aus. Immer wieder streut sie auch Chansons aus ihrer Anfangszeit in ihr Programm ein.
Bei einem Konzert in Montreal 1993 kommt es zu einem außerordentlich bewegenden Moment. Sie singt ihren allerersten Song überhaupt live vor einem internationalen Publikum: *Ce n'était qu'un rêve.*
Sie widmet diesen Song ihren Eltern Thérèse und Adhémar, die bei diesem Konzert im Publikum sitzen, und bedankt sich vor allen Menschen bei ihnen.
Mit ihrer ersten Headlinertour 1994 durch die USA schafft sie den großen Durchbruch in den USA. Endstation in Europa ist das renommierte »Olympia« in Paris.
Tourneen und Konzerte bedeuten für Céline trotz aller Anstrengungen lediglich positiven Streß. Auf der Bühne zu stehen ist für sie schon fast wie eine Sucht: »Ich habe keine Angst vor dem Liveauftritt. Natürlich bin ich ein bißchen nervös, kurz bevor der Vorhang aufgeht. Aber wenn ich erst einmal auf der Bühne bin, pulsiert mein Blut und ich bin wie ein Tier, das aus dem Käfig gelassen wurde. Dann ist es zu spät und man kann mich nicht mehr stoppen. Live zu spielen ist das Größte am Showbusiness. Ich fühle mich stark. Auf der Bühne fühle ich mich einfach am wohlsten. Ich liebe die Bühne. Denn da kann ich tun, was ich will, ich bin frei. Manchmal erwische ich mich dabei, daß ich zu lange auf der Bühne rede. Aber die Leute verstehen das« (arte).
Doch Céline kennt aus langer Erfahrung natürlich auch die Schattenseiten des Lebens im Rampenlicht: »In der Welt herumzureisen, immer in Hotels zu schlafen – das ist hart. Der Zimmerservice ist gut, alles scheint perfekt, doch es ist auf Dauer auch zermürbend. Es ist einfach schöner, in seinem eigenen Zuhause barfuß ins Badezimmer zu laufen, einen Kaffee zu

machen und nicht darüber nachzudenken, wie man heute aussieht. Es tut gut, sich mal wieder wie ein normaler Mensch zu fühlen« (arte).
Dennoch wird es Céline immer wieder auf die Bühnen der Welt hinausziehen. Im August 1998 startet sie ihre neue Welttournee. Zunächst bereist sie die großen Städte der USA, aber sehr wahrscheinlich wird sie im Frühjahr oder Sommer 1999 auch auf deutschen Bühnen stehen.

7. Let's Talk About Love – Céline und ihre Lieder

»Liebe ist das wichtigste im Leben der Menschheit.
Ich bin ein sehr romantischer Mensch. Alle meine Gedanken, Gefühle und Wünsche bringe ich in meinen Liedern zum Ausdruck.
Die einzig wahre Sprache ist die Liebe und die Musik.« (Onyx)

Célines ganzes Leben dreht sich um eins – um die Liebe. Handelten ihre Lieder früher oft von familiärer Zuneigung und Geborgenheit, so singt sie heute harmonische Liebeslieder, die die Beziehung zwischen Mann und Frau thematisieren. Singt Céline von Liebe und Leidenschaft, dann singt sie auch über ihre eigene, glückliche Beziehung zu ihrem Ehemann und Manager René Angélil. Besonders eindrucksvoll ist das auf ihrem '93er Album *The Colour Of My Love* zu spüren. Den Titelsong bezeichnet sie als »chanson sacrée«; er ist voll und ganz ihrer großen Liebe gewidmet.
Doch wer steht hinter ihren Songs? Wie trifft Céline die Auswahl?
Cèline schreibt in der Regel nicht selber. Nur drei Mal wird sie als Autorin bei ihren Liedern ausgewiesen. Ganz zu Beginn ihrer Karriere, 1981, schreibt sie gemeinsam mit ihrer Mutter Thérèse und ihrem Bruder Jacques die Titel für die Demokas-

sette, *Ce n'était qu'un rêve* und *Grand-maman.* Zuletzt wird sie als Co-Autorin bei einem Song ihres '97er Albums *Let's Talk About Love* genannt: *Treat Her Like A Lady.*

Ihr eigentlicher Beruf und ihre Berufung ist es jedoch zu singen. Eigene Songs zu schreiben, dafür, so gibt sie selber zu, fehlt ihr zum einen die Zeit, zum anderen auch das nötige Talent:

»Ich schreibe meine Lieder nicht selbst. Einige Autoren schrieben mir phantastische Lieder, die ich nachempfinden kann. Ich erhalte um die tausend Songs pro Jahr von bekannten und unbekannten Autoren und Autorinnen. Wenn ich diese Songs dann durchhöre, weiß ich noch nicht, wonach ich suche, was ich aufnehmen möchte. Ich weiß nicht, wie das neue Album sein wird. [...] Ich höre diese Songs, und manche berühren mich. Ein Lied muß mir zuerst etwas geben, bevor ich etwas daraus machen kann. Ich höre sie mir an. Frag mich nicht, was das genau ist, ob Text oder Musik, das weiß ich nicht. Es ist, als wenn man sich verliebt. [...] Auf jeden Fall passiert etwas. Von einem Menschen wie von einem Lied geht etwas aus, in das du dich dann verliebst« (Onyx).

Vom Beginn ihrer Karriere bis heute hatte die Kanadierin das große Glück, mit Textern, Komponisten und Produzenten zusammenzuarbeiten, die jeweils selber auf eine langjährige professionelle Karriere zurückblicken konnten. Jeder in seinem ganz speziellen Metier.

Am Anfang steht Eddy Marnay. Er ist 1920 in Algerien als Edmond David Bacri geboren und kam als Schüler nach Frankreich. In den sechziger Jahren begann Marnay Chansontexte zu schreiben. Zu seinen großen Erfolgen zählen die Evergreens *Planter café* für Yves Montand und *Les amants de Paris* für die legendäre Édith Piaf. 1965 schrieb Marnay die ersten Songs für die damals noch unbekannte Mireille Mathieu aus Avignon. Marnay war es, der Mireille, vor allem mit dem Chanson *Mille colombes*, zunächst in Frankreich, später in Deutschland groß

herausbrachte. 1969 verhalf er Frankreich mit dem Chanson *Un jour, un enfant*,[6] interpretiert von Frida Boccara, sogar zum Sieg beim Eurovisionsschlagerfestival.
Bis 1981 war Marnay lediglich als Texter tätig. Zum ersten Mal in seiner Karriere komponiert er in jenem Jahr auch ein Chanson: *La voix du bon Dieu*, für Céline Dion – eine besondere Würdigung des junge Talents mit der eindrucksvollen Stimme.
Marnay begleitet Célines erste Karrierejahre als Kinderstar, verschafft ihr Auftritte in Frankreich und bringt sie außerdem mit anderen Autoren zusammen, so mit dem Chansonkomponisten André Popp. Einer von Popps bekanntesten Hits ist zum Beispiel das Chanson *Mon amour mon ami* für Marie Laforêt.
Als Céline langsam erwachsen wird, führt ihr Weg über den Deal mit der Majorcompany Sony Music zu poppigeren, moderneren und nicht zuletzt kommerzielleren Songs; weg von den Schlagern, hin zu Popsongs.
Ihre neuen musikalischen Begleiter heißen nun in Frankreich Luc Plamondon und Jean-Jacques Goldman, in Nordamerika vor allem David Foster.
Besonders hervorzuheben ist Luc Plamondon (geb. 1942), der wie Céline gebürtiger Quebecer ist und ab Mitte der sechziger Jahre mit knalligen Rocksongs in Quebec erste Erfolge feiern konnte. Im Laufe seiner Songwriterkarriere schrieb er später auch Hits für französische Topstars, zum Beispiel Diane Dufresne, Françoise Hardy und Johnny Hallyday. International erfolgreich war er außerdem mit Petula Clark.
1978 schuf er zusammen mit dem französischen Komponisten Michel Berger das Musical Starmania, das in Frankreich, Kanada und Deutschland große Erfolge feierte.

6 1969 gab es vier Sieger beim Grand Prix d'Eurovision. Die Punktvergabe war eine andere als die heutige. Die vier Siegertitel kamen am Ende auf jeweils 18 Punkte. Gewonnen haben Spanien mit *Vivo contando*, gesungen von Salomé; Großbritannien mit *Boom Bang-A-Bang*, interpretiert von Lulu, die Niederlande mit dem Titel *De troubadour*, gesungen von Lenny Kuhr und eben *Un jour, un enfant* in der Version von Frida Boccara.

Anfang der neunziger Jahre kommt es zu einer Zusammenarbeit mit dem englischen Musicalautor Tim Rice *(Cats, Chess)*, der die englischen Texte für *Starmania* schreibt. 1992 erscheint das dazugehörige Soundtrackalbum. Das Musical trägt den Titel *Tycoon*.
Maßgeblich an der englischen Realisation beteiligt ist Popstar Cyndi Lauper; sie singt nicht nur den als Single erfolgreichen Titel *The World Is Stone (Le monde est stone)*, sondern zeichnet neben Berger, Plamondon und Rice auch als Co-Produzentin verantwortlich. An der englischen Soundtrackversion sind außerdem Matt & Luke Goss (ehemals »Bros.«), Willy deVille, Kim Carnes, Tom Jones, Nina Hagen und nicht zuletzt natürlich Céline Dion beteiligt. Sie steuert die Titel *Ziggy* und *Tonight We Dance (Ce soir on danse à Naziland)* bei. Ein Jahr zuvor ist das Album *Dion chante Plamondon* erschienen. Es kommt zu einer einzigartigen Zusammenarbeit. Céline singt insgesamt acht Coverversionen von Stücken des berühmten Songwriters und vier neue Songs aus der Feder Plamondons. Luc Plamondon ist begeistert von dieser Kooperation.
Ein weiterer renommierter Autor und Komponist ist Jean-Jacques Goldman, der gegenwärtig in Frankreich zu den ganz Großen zählt. Beeindruckt von Célines Stimme und Temperament schreibt er die Chansons zu dem Album *D'eux* (auch *The French Album*, 1995), das bereits zitierte legendäre rekordbrechende Album. Derzeit steht Céline wieder unter der Regie Goldmans hinter dem Mikrofon. Ein weiteres frankophones Album soll noch 1998 auf den Markt kommen.
Ihre englischsprachigen Alben betreut von Anfang an hauptsächlich einer: David Foster. Foster, ebenfalls Kanadier, hat zu Beginn der siebziger Jahre mit der Rockband »Skylark« zunächst in seiner Heimat, später auch in den USA Erfolg. Größter Hit war 1973 die Single *Wildflower* (# 9). Nach dem Zusammenbruch der Band verfaßte David Foster einen Mega-

seller nach dem anderen. Seine Titel wurden zu Evergreens. 1985 schrieb er für die Yuppie-Komödie *St. Elmo's Fire* den Soundtrack, darunter den Titelsong, der ein Nummer-eins-Hit für John Parr in Amerika und ein weltweiter Top-ten-Hit wurde. Besonders erfolgreich war auch die Zusammenarbeit mit der amerikanischen Rock'n'Roll-Band »Chicago«, die jedoch mittlerweile nicht mehr existiert. Aus Fosters Feder stammt unter anderem die Megaballade *Hard To Say I'm Sorry* aus dem Jahr 1982. Die enge Freundschaft mit dem ehemaligen Leadsänger von »Chicago«, Peter Cetera, trug 1986 Früchte: Ceteras Solo-Single *Glory Of Love* wurde in den Staaten ein Nummer-eins-Hit. Erfolgreiche Songs schrieb und produzierte er im Laufe seiner Karriere außerdem für Al Jarreau, Olivia Newton-John, James Ingram, Barbra Streisand und nicht zuletzt Céline Dion.

»Ich sah Céline zum ersten Mal, als sie ungefähr 18 war. Ich hatte zuvor ein Video von ihr gesehen. Etwa achtzig Meilen bin ich von Montreal aus durch den Regen gefahren, um sie an einem Sonntagabend in einem Zelt singen zu hören« (David Foster 1998; arte).

»Ich glaube, er wollte sich vergewissern. Wenn du ein Tape an jemanden schickst, genügt das nicht, um zu beweisen, daß du wirklich singen kannst. Er bat mich dann, in seinem Büro vorzusingen und – er hat geweint! Ich genieße es sehr, mit David zusammenzuarbeiten. Er ist ein wahrer Freund. [...] Er war immer da für mich. Wir haben auf alle möglichen Arten zusammengearbeitet. Einmal war ich in New York und er in L. A. Wir haben uns per Satellit verständigt. Wir haben Spaß zusammen. Wenn wir miteinander im Studio sind, hinterfrage ich nichts mehr. Denn ich weiß: David bringt das Beste aus mir heraus« (Céline Dion, 1998; arte).

Das Beste holt er auch heraus, als es darum geht, einen Song für Barbra Streisand und Céline Dion zu produzieren und zu schreiben.

Célines großes Konzert in der Wembley Arena, London

Das Resultat: die schon fast legendäre Ballade *Tell Him*, die Foster zusammen mit Linda Thompson und Walter Afanasieff schreibt. »Vor zehn Jahren habe ich Céline gesagt, eines Tages wirst Du mit Barbra Streisand singen« (Foster, 1998; arte). Daß Céline ein enormes Talent besitzt, steht außer Frage. Dennoch gehörte noch ein Quentchen Glück dazu, damit es zu einer endgültigen Zusammenarbeit zwischen den beiden großen Popikonen unseres Jahrhunderts kam.

Im November 1997, kurz nach Veröffentlichung ihres Albums *Let's Talk About Love*, erzählt Céline in der US-Talkshow von Oprah Winfrey die amüsante Entstehungsgeschichte von *Tell Him:*

Alles beginnt einen Tag vor der Oscar-Verleihung 1997. Céline soll am Oscar-Abend die Filmballade *Because You Loved Me* vortragen. Am Vorabend wird sie außerdem gebeten, den Titelsong *I Finally Found Someone* aus dem Film *Liebe hat zwei Gesichter* zu interpretieren. Der Song, im Original ein Duett von Bryan Adams mit Barbra Streisand, sollte ursprünglich von der Streisand selber vorgetragen werden. Als diese erkrankt und absagt, fragt man bei Natalie Cole an. Doch auch sie wird krank und kann nicht auftreten. Aber Céline ist bereit einzuspringen. Sie habe gesagt: »Ich singe gern!«, betont sie bei Oprah Winfrey. »Allerdings kann ich den Song nicht auswendig lernen, aber wenn man mir einen Ständer mit dem Text hinstellt, singe ich!« Die Quebecerin weiß jedoch nicht, daß an jenem Abend auch Barbra Streisand im Publikum anwesend sein wird. Célines Mimik spricht für sich, als sie den weiteren Verlauf der Geschichte erzählt: »Da stehe ich also! Klar, Céline singt zwei Songs! Ich bin stolz. Los, Mädchen! Kein Problem! Dann gehe ich bei der Oscar-Verleihung über den roten Teppich und höre von anderen: ›Wir haben Barbra getroffen.‹ Und ich: ›Bitte?‹ ›Ja, sie ist hier.‹ Meine Knie zitterten ... vor der ganzen Welt zu singen, machte mir nichts aus, aber zu wissen, daß Barbra da ist, wohl. Ich singe, und sie sitzt da, niemals ...!« Doch es kommt alles ganz anders. Kurz vor Célines Auftritt fühlt Barbra ein natürliches Bedürfnis. Sie verläßt den Saal und eilt zur Toilette. Céline schmunzelnd: »Wenn man muß, dann muß man!« Doch vor der Toilette wartete eine lange Schlange, und Barbra mußte sich anstellen. Oprah daraufhin bestimmt: »Das ist der einzige Ort, an dem wir alle gleich sind.« Célines Auftritt naht. Sie singt, im Glauben, daß Barbra Streisand im Publikum sitzt und sie beobachtet. Dezent hält Céline nach ihr Ausschau, kann sie natürlich nirgends entdecken. Nach der Veranstaltung kommen beide kurz ins Gespräch, und Barbra ist fassungslos: »Ich kann einfach nicht glauben, daß ich den Song verpaßt habe.« Barbra bleibt nichts anderes übrig, als sich daheim die Aufzeichnung der Oscar-Verleihung auf Video anzuschauen.

Einen Tag später läßt Barbra Streisand Céline Dion einen Blumenstrauß mit einer kleinen Nachricht zukommen: »Du warst phantastisch! Nächstes Mal singen wir zusammen.« Céline fährt fort in ihrer Erzählung: »Willst du wissen, was mein Mann tat? Er nahm das sehr, sehr ernst. Ich dachte nur, nett, sie schickt Blumen und sagt, nächstes Mal singen wir zusammen. Aber wann soll das sein? René rief einfach an. Er nahm das sehr ernst und fragte: ›Wann genau?‹ Er sprach mit Barbras Manager sowie David Foster und Walter Afanasieff. ›Schreiben wir einen Song für sie, sie singen zusammen.‹« David Foster schickt das Demoband mit dem Song sowohl an Barbra als auch an Céline. Beide sind Feuer und Flamme. Sie telefonieren miteinander. »Daß sie mich anrief, unglaublich! Sie wollte wissen, wie wir es machen wollen: ob wir zusammen singen, und wer zuerst aufnimmt. Wir wollten auf jeden Fall zusammen singen, und sie nahm zuerst auf. Dann bekam ich das Band mit ihrer Stimme drauf. Ich ließ es laufen und lehnte mich zurück, ich hörte ihre Stimme. Ich war unruhig wie ein Tiger im Käfig und rief: ›Mikro auf! Ich bin bereit!‹ Wenn man mit der Person singt, die man bewundert und liebt, schließt man die Augen. Man singt mit ihr. Man atmet zur gleichen Zeit wie sie, man hat ihr Bild vor Augen. Es war, als wäre sie ein Teil von mir. Ein großartiger Moment. Dann trafen wir uns im Studio. Das Tollste, was ich je im Showgeschäft erlebt habe.«

Auch Barbra ist ganz überwältigt von der gemeinsamen Aufnahme. Céline spricht ihr vor Foster, Thompson und Afanasieff im Studio ihre große Bewunderung aus. Gerührt nimmt Barbra Céline in ihre Arme.

Nach der gemeinsamen Studiosession lädt Barbra Céline und René zu sich nach Hause zum Essen ein. Céline, begeistert wie ein kleines Kind, beschreibt den Abend: »Ich sah sie immer an, sie aß wie ein ganz normaler Mensch. Ich dachte, wenn ich weiter so gucke, wirft sie mich noch 'raus.« So kam es natürlich nicht. Gemeinsam planen sie, bei den »Grammy-Awards« 1998 erstmals zusammen aufzutreten. Doch Barbra Streisand sagt den Auftritt ab, da sie an einer Grippe erkrankt ist. Céline tritt allein auf und singt *My Heart Will Go On.*

Tell Him erscheint sowohl auf Célines '97er CD *Let's Talk About Love* als auch auf Barbras '97er CD *Higher Ground.*

Im Booklet des jüngsten Albums schreibt Céline: »Meine liebe Barbra, dadurch, daß ich das Privileg gehabt habe, mit Dir zusammen zu singen, wurde sicherlich mein schönster Traum wahr. Seit meiner Kindheit habe ich Dich immer bewundert als Sinnbild der Perfektion. Deine unglaubliche, einzigartige Stimme hat mich in so vielfältiger Weise berührt, daß ich es nicht beschreiben könnte. Ich bin tief bewegt und sehr geehrt, daß Du mir die Chance gegeben hast, meine Stimme mit Deiner zu vereinen. Ich hoffe und wünsche, daß diese ganz besonderen Momente, die wir zusammen erlebt haben, in eine lebenslange Freundschaft münden werden.«

Diese Zusammenarbeit der vielleicht größten und schönsten weiblichen Stimmen der Popmusik verdeutlicht wieder einmal den Superstarstatus der Dion als große Diva der neunziger Jahre.

Schaut man sich die Namen der Autoren und Autorinnen von Célines Liedern an, trifft man unweigerlich auf einen der ganz großen: Diane Warren. Seit den siebziger Jahren zählt sie zu den wichtigsten und erfolgreichsten Balladenschreiberinnen Amerikas. Die Liste ihrer Erfolge ist endlos, die »ihrer« Künstler ebenfalls: *Nothing's Gonna Stop Us Now* (»Starship«, 1986), *When I See You Smile* (»Bad English«, 1989), *Blame It On The Rain* (»Milli Vanilli«, 1989), *Save Up All Your Tears* (Robin Beck, 1988; Cher, 1991), *All I Wanna Do Is Make Love To You* (»Heart«, 1990), *Un-Break My Heart* (Toni Braxton, 1996). Hier ließen sich massenhaft weitere Beispiele finden. Viele ihrer Titel wurden weltweite Topseller und Nummer-eins-Hits. So verwundert es niemanden, daß auch *Because You Loved Me* von Céline Dion 1996 an der Spitze der Billboard-Charts auftaucht. Für Céline schreibt Diane Warren außerdem unter anderem die Hits *If You Asked Me To* und *Love Can Move Mountains.*
Für zeitgemäßen Dancepop und groovige Rhythmen sorgt der Produzent Ric Wake, der in New York seine »Hit Factory« unterhält: »Ich bin derjenige, der etwas groovigere, tanzbare und vor allem unerwartete Sachen beisteuert. Das ist meine Aufgabe« (Wake 1998; arte). Wake mischt für Céline unter anderem die Titel *Love Can Move Mountains, Make You Happy* oder *Treat Her Like A Lady* ab. Céline sagt über Ric Wake: »Mit ihm zusammenzuarbeiten macht einfach Spaß. Ich albere gerne mit meinen Produzenten im Studio herum. Da bin ich ganz natürlich. Das nimmt auch viel Druck von mir« (arte).
Große Musikerkollegen tauchen immer wieder auf den Alben der Frankokanadierin auf. Für ihr '96er Album *Falling Into You* kann Céline Dion unter anderem Jim Steinman, den gemeinhin als »Richard Wagner der Rockmusik« bezeichneten Songwriter und Produzenten, gewinnen. Steinman, der vor allem wegen seiner hochkarätigen Zusammenarbeit mit dem schwergewichtigen Meat Loaf *(Bat Out Of Hell)* geschätzt wird, schreibt ihr

die gewaltige Mini-Rock-Oper *It's All Coming Back To Me Now.* Der Song erinnert an das legendäre Steinman-Werk *Total Eclipse Of The Heart* von Bonnie Tyler, 1984. Steinman-typisch ist es, daß dieser pompöse Song kein gewöhnlicher 3- bis 4-Minuten-Titel ist, sondern volle neun Minuten dauert. »Ich schreibe Songs immer mit Bildern in meinem Kopf. Ich habe noch nie einen Titel geschrieben, der nicht für eine Bühne konzipiert war« (Jim Steinman, 1997; arte).

Célines *Carmen*-Adaption und die Live-Version von *Le ballet* (auf *Live à Paris*) sind die längsten Live-Versionen. *It's All Coming Back To Me Now* ist die längste Studioproduktion ihres Schaffens. Das dazugehörige Video wurde 1996 in einem alten Schloß in Prag gedreht. 1997 als Single veröffentlicht, schafft der Titel problemlos die Top 10 Großbritanniens und Amerikas. In Deutschland kommt er über einen schlappen Platz 62 jedoch nicht heraus. Steinman produziert außerdem das Lied *Call The Man*, das 1997 in den englischen Singlecharts unter den Top 20 notiert wird. »Mit Jim Steinman zu arbeiten ist wirklich eine unglaubliche Erfahrung. Dieser Song *(It's All Coming Back To Me Now)* war so ausdrucksstark, so theatralisch. Ich glaube, viele Sänger hätten diesen Titel gerne gehabt. Jim Steinman ist so einzigartig. Du weißt nie, was er jetzt macht. Doch wenn Du Vertrauen hast, dann folge ihm einfach« (arte).

Gegensätze ziehen sich an. Dieses Motto trifft zu, wenn man die Zusammenarbeit von zwei so unterschiedlichen Musikern wie Céline und dem ehemaligen »Prince« (heute »The Artist Former Known As Prince [T.A.F.K.A.P.]«) betrachtet. Auf dem schlicht *Céline Dion* titulierten Album erscheint tatsächlich ein Song von Prince, keine Coverversion, sondern extra für Céline geschrieben: *With This Tear.* Sie hat selbst die Initiative ergriffen, mit Prince in Kontakt zu treten: »Ich dachte, es wäre unmöglich, daß er [Prince] mir einen Song schreiben würde. Ich hätte nie gedacht, daß er eine Chansonsängerin akzeptieren würde. Zwei Wochen später erhielt ich eine Kassette und eine kleine Notiz« (Beaunoyer S. 223). Auf der Kassette befindet sich *With This Tear.* Getroffen haben die beiden sich nie, sie haben sich lediglich telefonisch kurz ausgetauscht: »Prince teilte mir am Telefon mit, daß er unbedingt möchte, daß ich diesen Song singe. Seine Freunde werden sicherlich sehr erstaunt, dann aber begeistert sein. Ich war sehr berührt, und Prince sagte zu mir, daß er mich sehr bewundere und gerne weitere Lieder für mich schreiben möchte, eventuell könne er sich sogar ein Duett mit mir vorstellen« (ebd.). Bis heute ist aus einer weiteren Zusammenarbeit jedoch nichts geworden.

Auf ihrem jüngsten Album *Let's Talk About Love* geben sich nicht nur Autoren, sondern auch Duettpartner von Weltruf die Ehre.

So zum Beispiel die legendären »Bee Gees«, aus deren Feder der Song *Immortality* stammt, die nächste Singleauskopplung aus diesem Album. Schon mehrfach haben die Gebrüder Gibb Songs und Alben für die großen Diven der Popmusik geschrieben und produziert. In den achtziger Jahren arbeiteten die drei bereits erfolgreich mit Barbra Streisand zusammen. Daraus resultierten der Welthit *Woman In Love* aus dem Jahr 1981 und das Album *Guilty.* 1982 verhalfen sie Dionne Warwick mit *Heartbreaker* zu einem sensationellen Comeback, und 1986 schrieben sie für Diana Ross den Nummer-eins-Hit *Chain Reaction.* Besonderes Markenzeichen dieser Zusammenarbeit: die drei sind immer als Backingsänger auf den Songs zu hören. So auch bei *Immortality.* Zum ersten Mal trifft Céline Barry, Robin und Maurice Gibb im Frühjahr 1997 beim »World Music Festival« in Monte Carlo. Dort erzählen sie ihr, daß sie für sie ein Lied geschrieben hätten. »Zu ihrem Sound habe ich in meiner Teenagerzeit Ende der 70er Jahre wilde Partys gefeiert«, bekennt Céline in einem Interview mit der Jugendzeitschrift *Bravo.* Und weiter: »In *Immortality* habe ich mich verliebt, als ich den Titel zum ersten Mal hörte. [...] Dieser wunderbaren Zusammenarbeit mit Euch werde ich immer gedenken« (CD *Let's Talk About Love*).

Maurice ist von der gemeinsamen Arbeit sehr gerührt und vergießt ein paar Tränen: »An dem Abend, an dem wir im Studio ankamen, hörten wir zum ersten Mal, wie Céline unseren Song sang. Wenn eine Stimme wie die von Céline singt, wirst Du sehr emotional. Diesen Abend werden wir wohl nie vergessen« (arte).

»Es war ja schon unglaublich, daß sie einen Song für mich geschrieben hatten. Dann haben sie ihn noch mit mir gesungen. Außerdem sind sie so liebe Menschen« (Céline Dion; arte).

Als Gast tritt auf der neuen CD auch Carole King auf. Carole King schreibt seit den sechziger Jahren musikalische Klassiker, unter anderem *Will You Love Me Tomorrow* (»The Shirelles«, 1961) und *The Loco-Motion* (»Little Eva«, 1962). 1971 setzt sich Carole King mit dem Album *Tapestry* selbst ein Denkmal. Das Album gilt als Meilenstein und ist mit 13 Millionen verkauften Exemplaren eins der erfolgreichsten überhaupt. Aus diesem Album stammen Popklassiker wie *It's Too Late*, *I Feel The Earth Move* und *You've Got A Friend*. Der Stellenwert dieses Albums wird angesichts der Tatsache deutlich, daß 1995 das Tribut-Album *Tapestry Revisited* erscheint. Weltstars wie »Eternal«, Rod Stewart, die »Bee Gees« und Richard Marx covern ihre Songs. Auch Céline ist mit von der Partie: sie wählt den Titel *(You Make Me Feel) Like A Natural Woman*, der auch auf ihrem eigenen Album *Falling Into You* zu finden ist. Damit singt sie einen Song, den vor ihr bereits zahlreiche andere Interpretinnen gesungen haben, u. a. Soullegende Aretha Franklin und Rockröhre Bonnie Tyler. Für *Let's Talk About Love* wiederum steuert Carole King die Ballade *The Reason* bei: »Ein Lied von Dir [Carole] zu bekommen war ein großes Geschenk für mich. *Tapestry* war schon bei uns zu Hause immer eins unserer Lieblingsalben« (CD *Let's Talk About Love*). Für die Produktion von *The Reason* zeichnet kein Geringerer als Sir George Martin, der Mentor und Entdecker der »Beatles«, verantwortlich. »Ich habe Céline schon einige Male im Fernsehen gesehen und war immer sehr von ihrer Stimme beeindruckt« (George Martin; arte).

»Vor meinem Treffen mit George Martin hatte ich wirklich fast Angst. Er sieht nicht aus wie ein Rock'n'Roll-Produzent. [...] Er sieht aus wie ein Edelmann, der in einem Schloß lebt« (Céline Dion; arte). Für Céline ist diese Zusammenarbeit in London ein sehr bewegender Abschnitt in ihrem Leben. Denn Martin kündigt nach der Aufnahme an, daß er sich für immer aus dem Musikgeschäft zurückziehen und in Rente gehen möchte: »Er sagte mir zum Abschied, ›Paß gut auf dich auf und viel Glück!‹ Er hatte Tränen in den Augen, denn er hatte noch einmal alles gegeben. Und ich hatte die Chance, von seinem großen Können profitieren zu dürfen« (arte).

Auch ein weiterer Künstler, der mittlerweile allerdings leider weniger im Vordergrund steht, ist zu erwähnen: ihr Landsmann Corey Hart, der die Songs *Miles To Go* und *Where Is The Love* verfaßte. Anfang der achtziger Jahre war Corey Hart selber als Sänger sehr erfolgreich und konnte seine Titel *Sunglasses At Night* und *Never Surrender* weit oben in den internationalen Charts plazieren.

Ein musikalisches Highlight der besonderen Art ist natürlich das Duett mit Opernstar Luciano Pavarotti. Zu *I Hate You Then I Love You* schreibt Céline: »Caro Luciano, Du bist der größte Tenor der Welt. Insgeheim habe ich schon lange darauf gehofft, einen Lovesong mit Dir zu singen. [...] Ich betrachte es als ein seltenes Privileg, meinen Namen neben Deinem auf diesem Album zu sehen.« Augenzwinkernd fügt Céline hinzu: »P. S.: René und ich lieben Deine Kochkunst. Laß uns das öfter machen!«

Pavarotti, der schon des öfteren mit Künstlern aus dem Popbereich auftrat, erzählt, wie er auf Céline Dion aufmerksam wurde: »Ich habe zum ersten Mal durch meinen Tourarzt von Céline gehört. Er meinte, sie werde einmal sehr berühmt werden. Und jetzt ist Céline hier: so charmant und schön, wie mein Arzt gesagt hat. Bisher habe ich immer nur Songs als Solist gemacht. Doch jetzt ist die Zeit reif für ein Duett. Es gibt keine bessere Partnerin als Céline Dion« (arte).

Betrachtet man die Songauswahl der Dion, so finden sich immer auch etliche Coverversionen auf ihren Alben.

Aus ihrer frankophonen Zeit ist der Song *A quatre pas d'ici* besonders hervorzuheben. Bei diesem Lied handelt es sich um die Coverversion des Tophits *The Land Of Make Believe* (1981/82, # 1 GB; #3 D) der britischen Popband »Bucks Fizz«. Der Song der ehemaligen Grand-Prix-Gewinner (1981 mit *Making Your Mind Up*) ist kurioserweise auf dem Weihnachtsalbum *Chants et contes de Noël* zu finden. Dieser Titel, der eigentlich nicht als Weihnachtslied konzipiert ist, wird zusätzlich auf dem Album plaziert, um die Verkaufszahlen zu steigern. Mit Erfolg übrigens.

Zahlreiche englischsprachige Coverversionen sind erstaunlicherweise nie als Studioversionen erschienen, sondern während Livekonzerten aufgenommen worden, z. B. *What A Feeling* (Original von Irene Cara, 1983) und *Up Where We Belong* (Joe Cocker & Jennifer Warnes, 1983). Auf dem Video zur *The Colour Of My Love-Tour* befindet sich darüber hinaus noch der Titel *I Can't Help Falling In Love*, den Elvis Presley 1962 zum Hit machte. Bislang ist Célines Version nicht auf einem Tonträger erschienen. Den größten Erfolg mit einer Coverversion erreicht Céline Dion zweifelsohne mit *The Power Of Love*. 1985 singt die stimmgewaltige Sängerin Jennifer Rush, die Mitte der achtziger Jahre vor allem in Deutschland riesige Erfolge feierte, diese energiegeladene Liebeshymne und schafft sogar eine Nummer eins in Großbritannien.

Als 19jährige qualifiziert sich Céline für den Grand Prix d'Eurovision

Die Siegerin des Grand Prix d'Eurovision in Dublin

Auftritt bei »Verstehen Sie Spaß?« 1996

Oben: *Céline mit ihrem Ehemann und Produzenten René Angélil*
© AP Photo / Boomerang
Unten: *Jean Claude van Damme überreicht Céline den World Music Award* © AP Photo / Laurent Rebours

Die Gewinnerin des Billboard Music Award

Bei der Oscar-Verleihung 1997

Mit René Angélil auf einer Studio-Party in London

Die große Nacht: Oscar-Verleihung 1998

Céline bei der Verleihung der Grammy-Awards 1996 © action Press/All Action

Musikern wird oft Einfallslosigkeit vorgeworfen, wenn sie von Coverversionen Gebrauch machen. Céline wehrt diese Kritik in einem Interview jedoch ab: »Die Leute sagen: ›Ich weiß nicht, was sie da gemacht hat. Es gibt keine bessere Version als die von Aretha Franklin. Sie hat aus *River Deep Mountain High* nichts Neues gemacht. Warum um Himmels willen dieses *All By Myself*? [...]‹ Ich will nicht besser als irgend jemand sein. Ich versuche nicht, mehr Platten zu verkaufen als Aretha Franklin. Ich will nicht besser als Tina Turner sein. Ich singe nur ein Lied, das mir gefällt, und mache mir damit eine Freude« (Onyx).
Zu den herausragendsten Coverversionen zählt sicherlich auch *All By Myself.* Mit diesem orchestralen Werk, dem Rachmaninows *Concerto Nr. 2* zugrunde liegt, schuf der aus Ohio stammende Sänger Eric Carmen einen musikalischen Klassiker (USA # 2, 1975). 1997 taucht *All By Myself* dann wieder in den Charts auf, diesmal in der Version von Céline Dion. Der Titel steht unter den ersten fünf sowohl in den USA als auch in England. Für den spanischen und lateinamerikanischen Markt nimmt Céline übrigens mit *Sola otra vez* eine spanische Version dieses Klassikers auf.
Tommy Mottola, der Chef von Sony und Exmann von Mariah Carey, fragte René und Céline eines Abends, ob sie schon wüßten, was sie mit dem nächsten Album vorhätten. Er fragte Céline, ob ihr *All By Myself* bekannt sei. Sie könnte es bestimmt hervorragend singen. Natürlich kannte die Kanadierin das Lied und konnte sich sehr gut vorstellen, den Titel zu interpretieren: »Seit diesem Abend steckte der Song in unseren Köpfen. Wir mußten ihn einfach ausprobieren. Die Aufnahmen waren für mich sehr aufregend, und für meine Musiker genauso. Denn sie durften zum ersten Mal auch ins Studio und mit meinem Produzenten David Foster zusammenarbeiten« (arte).
Aus der Feder Phil Spectors, des wohl innovativsten und einflußreichsten Produzenten und Autors der sechziger Jahre,

stammt *River Deep, Mountain High.* Zunächst von Ike & Tina Turner 1966 zum Hit gemacht (1966 # 3 GB), gibt es etliche Versionen dieses Klassikers, unter anderem in Zusammenarbeit der »Supremes« mit den »Four Tops« (1971 # 11 GB). Phil Spector kreierte mit seiner imposanten, orchestralen Studiotechnik den sogenannten »Wall Of Sound«. Zu seinen Klassikern zählen *To Know Him Is To Love Him* von den »Teddy Bears« (1958 USA # 1, D & GB # 2), bei denen er selbst mitsang, *Be My Baby* von den »Ronettes« (1963 USA # 3, GB # 4) und *You've Lost That Lovin' Feelin'* (1965 USA & GB # 1) von den »Righteous Brothers«.
Es war eigentlich geplant gewesen, daß Spector sowohl *River Deep, Mountain High* für Célines Album *Falling Into You* produzieren als auch neue Songs für sie schreiben sollte. Das wäre eine musikalische Sensation gewesen. Seit Beginn der achtziger Jahre hatte Spector keinen Titel mehr produziert. Leider platzte diese revolutionäre Kooperation. Phil verstand sich zwar hervorragend mit René und Céline, doch er ist ein Perfektionist; für die Produktion neuer Titel hätte er mehrere Monate gebraucht. Sony Music aber machte Druck. Man wollte an den Erfolg von *The Colour Of My Love* anknüpfen und möglichst rasch eine neue CD herausbringen. Phil Spector fühlte sich in seiner Arbeit eingeschränkt und beendete verärgert die Zusammenarbeit. Céline bedankte sich dennoch bei ihm und nahm den Titel *River Deep, Mountain High* trotzdem auf ihr Album. Jim Steinman produzierte den Titel an Spectors Stelle.
Einen weiteren Klassiker verewigt Céline auf *Let's Talk About Love: When I Need You.* Der Titel wurde vielfach gecovert, doch lediglich Célines leidenschaftlich-sinnliche Interpretation kann an das Original von 1976/77 heranreichen. Damals war das Stück, geschrieben von Albert Hammond, Leo Sayers größter Hit (USA & GB # 1).
Auf *Let's Talk About Love* befindet sich auch die Coverversion einer bislang noch nicht ganz so bekannten Künstlerin: Diana

King. 1995 singt sie sich mit dem Filmsong *Shy Guy* aus dem Actionfilm *Bad Boys – Harte Kerle* in die oberen Ränge der Charts. Aus dem '95er Album der Jamaikanerin, *Tougher Than Love*, stammt der Powerdancesong *Treat Her Like A Lady*, den Céline neu einspielt.

Das Besondere an dem Titel: zum ersten Mal versucht Céline sich an einem Rapgesang: »Ich bin keine professionelle Rapperin. Es gibt da sehr viel Bessere als mich. Ich habe das nur zum Spaß gemacht. Rap hat viel Atmosphäre. Ich liebe dieses Lied. Der Text ist so positiv und schön und ganz im Sinne von uns Frauen. Der Song ist so jung und lebendig. Ich habe versucht, es nicht zu übertreiben mit dem Rap. Er verbreitet gute Stimmung« (arte). Nach den Aufnahmen resümiert sie augenzwinkernd: »Ich habe früher in Interviews immer gesagt, ich würde nie ein Rap-Album aufnehmen. Ich habe gerade meine Meinung geändert . . .« (arte).

Céline vergleicht sich bei der Interpretation ihrer Titel mit einer Schauspielerin, die in eine andere Rolle hineinschlüpft: »Ein Lied ist wie ein Film für mich. Ich singe nicht über mein Leben, sondern fühle mich wie eine Schauspielerin. Ich werde eins mit meiner Rolle.« Speziell zu Coverversionen meint sie: »Ich singe Lieder, die mir Spaß bringen und die ich mag. Der gecoverte Song wird, weil ich ihn mag, zu meinem eigenen. Für die drei bis vier Minuten, in denen ich den Titel singe, wird er zu meinem Lied. Ich höre mir nicht das Original an, weil ich es nicht kopieren will. Ich fülle den Titel mit meinem eigenen Gefühl« (Onyx). Das ist nicht nur bei Coverversionen eindrucksvoll zu hören. In der deutschen Illustrierten *Gala* schreibt der Autor José Redondo-Vega mit Recht: »Lieder von Céline Dion sind berühmt für ihren ›Gänsehaut-Effekt‹.«

8. Die Musik macht den Film – Célines »Film-Hits«

Die Verbindung von Film und Musik ist fast so alt wie das Kino selbst. Ein Musiktitel aus einem Film kann für einen Künstler wie ein Hauptgewinn in einer Lotterie sein. Für den Leinwandfreak bringt er wertvolle Erinnerungen an Filmszenen oder Schauspieler, oder auch an eigene romantische Abenteuer zurück.

Immer wieder erreichen Filmsoundtracks Rekordverkaufszahlen, sei es *Schmiere (Grease)*, *Nur Samstag nacht (Saturday Night Fever)*, *Dirty Dancing* oder ganz aktuell: *Titanic.*

Für Céline Dion bedeutete die Teilnahme an dem Filmsoundtrack zu *Die Schöne und das Biest* den großen Durchbruch in den USA.

Doch wir wollen chronologisch vorgehen. Ihre ersten Filmsongs singt Céline bereits im Jahr 1985: für den Kinderfilm *Opération beurre de pinottes*, beziehungsweise *Peanut Butter Solution.* Sie nimmt die Titel sowohl in französischer als auch in englischer Sprache auf: *Listen To The Magic Man (Dans la main d'un magicien)* und *Michael's Song (La ballade de Michel).* Weder die Songs noch der dazugehörige Film finden jedoch große Aufmerksamkeit.

1990 kann sich Céline Dion Hoffnung machen auf eine erste Soundtrackteilnahme an einem Hollywoodfilm: *Fievel, der Mauswanderer im Wilden Westen (An American Tale II: Fievel Goes West).* Es handelt sich dabei um die Fortsetzung des 1986 ent-

standenen Zeichentrickfilms *Fievel, der Mauswanderer (An American Tale)*. Beide Filme stehen jeweils unter der Aufsicht von keinem Geringeren als Steven Spielberg.
Der berühmte Soundtrackkomponist James Horner schreibt zusammen mit Will Jennings die Musik zu diesem Film. Es wird noch eine Interpretin gesucht, die den romantischen Abschlußsong *Dreams To Dream* ansprechend singen kann. Im Gespräch sind Whitney Houston, Dolly Parton, Anita Baker, Debbie Gibson, Cyndi Lauper, Linda Ronstadt und Céline Dion. Eigentlich stehen die Sterne gut. Sowohl Horner und Jennings als auch Produzent David Foster plädieren für Céline. Daß sie dennoch nicht zum Zug kommt, liegt an vertraglichen Schwierigkeiten. Die Filmcompany »Universal Pictures« will den Soundtrack bei dem ihr angeschlossenen Plattenlabel »MCA Records« veröffentlichen. Dafür möchte man allerdings einen Star aus dem eigenen Hause verpflichten. Es kommt zu zähen Verhandlungen, die zu keiner Einigung führen. René, der sich sehr für die Teilnahme Célines an diesem Projekt eingesetzt hat, wird von Horner nach den Verhandlungen getröstet: »Sorry, René, it's over!«
Dreams To Dream wird schließlich von Linda Ronstadt gesungen. Sie hat bereits den Abschlußsong *Somewhere Out There* im Duett im James Ingram im ersten Teil gesungen.
Doch Célines große Chance kommt 1991. Disney verpflichtet sie für den Titelsong des Films *Die Schöne und das Biest (Beauty And The Beast)*. Der Stoff eines klassischen französischen Märchens wird nach wie vor in unzähligen Inszenierungen als Theaterstück oder Musical aufgeführt: Die schöne Belle verliebt sich in ein häßliches Ungeheuer. Durch diese nicht ganz unproblematische Liebe verwandelt sich das Tier schließlich zurück in den Prinzen. Der zeitlose, romantische Disney-Film für die ganze Familie zieht weltweit ein begeistertes Publikum in seinen Bann.

Céline bei »Wetten, daß . . .?« im Februar 1998 © action press/Dirk Dobiey

Céline singt den Titelsong *Beauty And The Beast* gemeinsam mit Peabo Bryson. Soulstar Bryson ist seit den siebziger Jahren erfolgreich, auch zusammen mit Duettpartnerin Roberta Flack *(Killing Me Softly With His Song)*. Gemeinsam mit ihr bringt er 1983 die einfühlsame Ballade *Tonight, I Celebrate My Love* in die Charts (GB # 2). Ein Jahr nach *Die Schöne und das Biest* singt er wieder für einen Disney-Film, diesmal für *Aladdin*. Seine Duettpartnerin ist diesmal Soulsängerin Regina Belle. Der Song *A Whole New World* wird ein Nummer-eins-Hit in Amerika.

Das Duett Céline Dion und Peabo Bryson schreibt Filmgeschichte. Das Lied wird mit dem Oscar ausgezeichnet und erhält unzählige weitere Preise. Für Céline ist die Auszeichnung mit dem Oscar natürlich ein neuer Meilenstein in ihrer Karriere, bedeutet er doch zugleich den Eintritt in die große Welt des amerikanischen Showbusiness. Bryson erhält übrigens für *A Whole New World* ebenfalls einen Oscar.

In Deutschland ist das Lied von Céline und Peabo in dem Zeichentrickfilm leider nicht zu hören. Traditionell entscheidet sich der hiesige Filmverleih nicht nur dafür, die Dialoge der Figuren zu synchronisieren, sondern auch die Liedtexte einzudeutschen. Daß es hier oftmals zu peinlichen Entgleisungen kommen kann, sei nur am Rande bemerkt. Der deutschsprachige Titelsong *Die Schöne und das Biest* wird von den deutschen Musicalstars Peter Hofmann und Jana Werner gesungen. Während das Originallied ein internationaler Bestseller wird, bleibt der deutschen Version der Eintritt in die Hitparaden versagt.

Die Romantikerin Céline Dion wird von den Disney Studios 1992 erneut zur Teilnahme an einem Filmsoundtrack verpflichtet. Diesmal geht es um den Spielfilm *Schlaflos in Seattle (Sleepless In Seattle)*. Der kleine Junge Jonah sucht über das Radio eine neue Partnerin für seinen verwitweten Vater Sam (Tom Hanks). Die Journalistin Annie (Meg Ryan) hört diesen Aufruf und ist sofort verliebt in die traurige Stimme von Sam. Problematisch für ein Kennenlernen ist die Entfernung: Annie wohnt in der Nähe von New York, Sam hingegen in Seattle. Nach zahlreichen Turbulenzen, unter anderem mit Annies Verlobtem Walter (Bill Pullman) finden sich Annie, Sam und Jonah schließlich auf der Aussichtsplattform des Empire State Building in New York.

Die romantische Lovestory wird mit einem nostalgischen Soundtrack untermalt. Unter anderem sind Oldies von Gene Autrey, Tammy Wynette, Louis Armstrong und Carly Simon zu hören. Das Schlußlied allerdings wird neu aufgenommen. Es handelt sich um den Klassiker *When I Fall In Love (US # 23)*, der im Original von Nat ›King‹ Cole stammt und 1957 in den Hitparaden notiert war. 1987 nimmt Rick Astley diesen Titel erneut auf und hat damit Erfolg. Für *Schlaflos in Seattle* treffen sich nun Céline Dion und Clive Griffin im Studio. Griffin stammt aus Großbritannien und hat zwischen 1989 und 1991 seine ersten kleineren Hitnotierungen mit *Head Above Water* (1989 GB # 60) und *I'll Be Waiting* (1991 # 56). In Deutschland dürfte er vor allem den Hörern des Mainstream Formatradios im Ohr sein: Sein *Commitment Of The Heart* wurde im Frühjahr 1994 rauf und runter gespielt. Griffin ist bei dem gleichen Label wie Céline Dion unter Vertrag. Die Rechnung, daß Griffin von Dions Popularität profitieren könne, geht allerdings nicht auf.

Dafür geht eine andere Rechnung auf: man nehme eine Disney-Romanze und garniere sie mit der gefühlvollen Stimme der Céline Dion – ein Hit ist gewiß. So geschehen auch für den Film *Aus nächster Nähe (Up Close & Personal)* 1996. Tally Atwater (Michelle Pfeiffer) träumt davon, beim Fernsehen als Moderatorin Karriere zu machen. Warren Justice (Robert Redford) hingegen ist langjähriger Profi und hat bereits alles erreicht im TV-Business. Er nimmt sich der ambitionierten Tally an. Sie arbeitet sich hoch vom Mädchen für alles bis hin zur »Anchorwoman«. Daß in Komödien wie dieser die Grenzen zwischen Beruflichem und Privatem fließend sind, versteht sich von selbst. Zwischen Tally und Warren entwickelt sich eine leidenschaftliche Liebesgeschichte. Célines Song *Because You Loved Me* ist in dem Film gleich zweimal zu hören, in der Mitte und am Ende. Auch wenn der Film von Cineasten und Kritikern als eher mittelmäßig eingestuft wird, ist er ein weltweiter Erfolg. Als er in Deutschland zu sehen ist, entwickelt sich *Because You Loved Me* zu Célines erstem Megahit in Deutschland. Zum ersten Mal landet eine Single von ihr unter den Top 15.

Den größten Coup allerdings kann Céline Dion 1997 landen – mit dem Abschlußsong des erfolgreichsten Films aller Zeiten, *Titanic.*

»I am the king of the world« (Ich bin der König der Welt) schreit Jack alias Leonardo DiCaprio auf der Reling des als unsinkbar geltenden Luxusliners Titanic. Bei ihm ist seine Traumfrau Rose, gespielt von Kate Winslet. Der »König der Welt« ist auch Regisseur James Cameron bei der Oscar-Verleihung 1998. Sein 285-Millionen-Dollar-Filmepos *Titanic* räumt insgesamt elf Oscars ab und zieht so mit dem Monumentalfilm *Ben Hur* aus dem Jahr 1956 gleich. Weltweit spielt der Film über 1,5 Milliarden Dollar ein, allein in Deutschland haben ihn bislang weit über zwölf Millionen Zuschauer gesehen.

Das Publikum bangt nicht nur um das Schicksal des jungen Filmtraumpaares Rose und Jack, wenn der Luxusliner, gerammt von einem Eisberg, in den eisigen Tiefen des Atlantiks versinkt und Rose in letzter Minute ihren Geliebten den Naturgewalten des Ozeans überlassen muß. Sie hören auch die sanften Instrumentalklänge einer Flöte nach dem Untergang des Schiffes, die zart durch die Stille der glasklaren, eiskalten Nacht dringen, sie hören die Melodie eines Liedes, das Millionen ihr Leben lang mit diesem ergreifenden Filmereignis in Verbindung bringen werden: *My Heart Will Go On.* Die zarte Melodie ist das Leitmotiv des Films. Die gesungene Version ist allerdings erst im Abspann zu hören. Und überall auf der Welt dürfte es den Zuschauern in diesem Moment gleich ergehen: Der Abspann läuft. Atemlos, ergriffen lauschen sie der gefühlvollen Stimme Céline Dions, lassen die eindrucksvollen, leidenschaftlichen und dramatischen Bilder von *Titanic* noch einmal Revue passieren. Kein hektisches Rascheln mit Popcorntüten, kein Klappern von Bierflaschen, wie sonst üblich, durchdringt die auf Wochen ausverkauften Lichtspielhäuser. Stille. Faszination. Und immer wieder dieses Lied, dieses eine Lied: *My Heart Will Go On.*

Beinahe wäre das Lied gar nicht im Film zu hören gewesen. Star-Regisseur James Cameron *(Terminator I & II, Abyss)* ist Perfektionist. Jedes Detail in seinem Jahrhundertwerk sollte stimmen. Genauestens läßt er die historischen Fakten überprüfen, taucht sogar selber mit einem Forschungsteam in einem U-Boot in die Tiefen des Atlantiks zum Wrack des 1912 gesunkenen Luxusliners hinab. Cameron ist so perfektionistisch, daß er es eigentlich ablehnt, einen gesungenen Song in den Soundtrack aufzunehmen. Der Regisseur zieht klassische, für die Geschichte zeitgemäße Instrumentalmusik vor.

Cameron verpflichtet für *Titanic* den erfolgreichen Filmmusiker James Horner, der bei unzähligen Hollywoodfilmen für den guten Ton sorgte: *Bravehart, Apollo 13, Legenden der Leidenschaft.* Insgesamt wird er fünfmal für den Oscar nominiert und erhält mehrere Grammy Awards. Cameron und Horner haben bereits 1986 für den Film *Aliens – Die Rückkehr* zusammengearbeitet. Wie in in all seinen Filmsoundtracks versteht es Horner auch bei *Titanic*, verschiedenste Szenen und Situationen gefühlvoll und treffend musikalisch umzusetzen. Das Soundtrackalbum setzt sich vornehmlich aus Orchesterpassagen zusammen und entwickelt sich im Zuge des *Titanic*-Erfolgs zum bestverkauften Instrumentalalbum aller Zeiten. Ein harter Schlag für Polygram Classics. Horner hat nämlich der Plattenfirma den Filmsoundtrack von *Titanic* für umgerechnet eine Million Mark Honorar angeboten. James Horner erzählt: »Ich bat sie [eine Mitarbeiterin von Polygram], es zu machen. Ich flehte sie geradezu an. Doch sie rief einfach nicht zurück. Niemand glaubte, daß ein Action-Regisseur wie James Cameron eine Liebesgeschichte erzählen könnte. Dumm, sehr dumm« (*Die Woche*, Nr. 14/1998).

Die CD erscheint wenig später bei Sony Classical, hat mittlerweile die Verkaufsmarke von 15 Millionen Exemplaren überschritten und dürfte somit bald den bisherigen Rekordhalter *The Bodyguard* aus dem Jahr 1992 hinter sich lassen.

In einem Interview spricht Céline über ihre Befürchtungen: ursprünglich war sie gar nicht sicher, daß der Song überhaupt in dem Film zu hören sein würde. Im Sommer 1997 lädt Horner Céline Dion und René Angélil zu sich ein und spielt auf dem Klavier das Lied vor. Céline schwärmt: »Ich habe mich auf Anhieb in diesen traumhaften Song verliebt. Wir sind dann sofort ins Studio gegangen und haben die Nummer aufgenommen. Ein paar Tage später mußte ich in New York James Cameron *My Heart Will Go On* live vorsingen. Ich war vom Liedtext so gerührt, daß mir während des Vortrags plötzlich Tränen über die Wangen liefen. Mir war es sehr peinlich, und ich dachte, ich hätte jetzt alles ruiniert. Aber James war begeistert!« (*Bravo*, Nr. 12/1998, S. 20). Die Tränen und die Stimme der Dion haben selbst den Perfektionisten Cameron erweicht. Es kommt zu einer Kompromißlösung: die gesungene Version ist nicht während des Films, sondern erst beim Abspann zu hören.

Im Studio habe sie übrigens überhaupt nicht an die Schiffskatastrophe gedacht. Die Erklärung für die emotionsstarke Aufnahme ist eine andere: »Ich hatte, entgegen meiner sonstigen Gewohnheit, am Morgen zwei Tassen Kaffee getrunken. Ich bekam Schweißausbrüche, meine Knie zitterten. Das hat, glaube ich, die Interpretation des Liedes entscheidend beeinflußt« *(Gala)*.

Im gleichen Interview erklärt Céline, daß sie den Film zunächst in einer Rohfassung gesehen habe und von der Liebesgeschichte sofort ergriffen gewesen sei: »Ich mußte gleich beim ersten Mal weinen. Und als ich den Film etwas später noch zweimal sah, kamen mir wieder die Tränen. Am meisten habe ich geheult, wie Kate Winslet im Rettungsboot sitzt und die Hand ihres Geliebten loslassen muß. Leonardo DiCaprio ist phantastisch gut – vor allem in dieser bewegenden Szene!«

Den Text zu diesem Welthit liefert übrigens Will Jennings, ein erfolgreicher Texter von Filmmelodien. So schrieb er 1983 zusammen mit Buffy Sainte-Marie und Jack Nitzsche den Klassiker *Up Where We Belong* aus dem Richard-Gere-Film *Ein Offizier und Gentleman.* Den Song sangen Joe Cocker und Jennifer Warnes, die damit weltweit erfolgreich waren.

Den Hauptdarsteller DiCaprio trifft Céline während der Premierenfeier von *Titanic* in Los Angeles. Sie beschreibt ihn als »talentierten und unverschämt gutaussehenden jungen Mann«. Sie würde am liebsten in einem Film mit ihm zusammen spielen.

Von den elf Oscars für *Titanic* gehen zwei an die Filmmusik. Eindrucksvoll trägt die zierliche Sängerin *My Heart Will Go On* bei der Zeremonie vor. Um ihren Hals: der blaue Film-Diamant, die Replik eines 170-Karat-Saphirs im Wert von 3,5 Millionen Dollar. Ganz gleich, wo und wann Céline ihren Song vorträgt, sie sorgt für Gänsehaut. Sie singt bei Thomas Gottschalk in »Wetten, daß ...?« und in der ersten deutschen Ausgabe von »Top Of The Pops«. Célines Ausdrucksfähigkeit und ihre Stimme bringen überall die Herzen zum Erweichen. Das Video mit etlichen Filmsequenzen läuft auf Viva und MTV rauf und runter – durch dieses Lied wird der Film, aber auch Céline Dion selbst, unsterblich: »Die Leute kommen zu mir, wenn sie ein besonderes Lied für einen romantischen Film haben wollen. Und dieser Film ist etwas ganz Besonderes. Ich wollte das Lied von Anfang an singen« (*Gala*).

Kommerziell werden Single und Album zu Welthits. Zeitgleich stehen im Frühjahr in den USA, Großbritannien und Deutschland sowohl das Filmmusikalbum als auch die Single auf Platz eins der jeweiligen Hitparaden. In Deutschland steht der Titel unangefochten 13 Wochen lang auf dem ersten Platz. In den USA und England steigt er direkt auf Platz eins ein.
Daß das *Titanic*-Fieber auch nach 15 Wochen Kinoeinsatz ungebrochen ist, beweist auch der große Charterfolg der deutschen Version des Filmhits. *Weil mein Herz dich nie mehr vergißt*, gesungen von Schlagerstar Vicky Leandros, kommt im Mai 1998 unter die Top 30 in Deutschland.
Am 14. April 1998, auf den Tag genau 86 Jahre nach dem Untergang der Titanic, widmet die Kanadierin das Lied den Opfern des Unglücks. Bei dem Konzert in New York bittet die gefühlvolle Künstlerin ihr Publikum, für einen Moment innezuhalten im Andenken an die Toten: »Ihre Geschichte geht immer noch weiter« (*Viva-Text*, 16. April 1998).
Die sowohl sanfte als auch energiegeladene Stimme Céline Dions taucht auch gelegentlich zur Untermalung in Filmen oder Serien auf. Jüngstes Beispiel ist der deutsche Fernsehfilm *Andrea und Marie*, der mittlerweile auf »arte« und im ZDF gelaufen ist. In die heiter-melancholische Tragikomödie (mit Hannelore Elsner und Iris Berben in den weiblichen Hauptrollen) fügt sich zweimal Célines Song *J'attendais* aus dem Album *D'eux* passend in die Geschichte ein: »Für romantische Bilder sorgt nebenbei die Stimme von Céline Dion« (*TV Spielfilm*, 7/1998).
Céline Dion – die ausdrucksvolle, emotionale Sängerin beweist bei all ihren Soundtrackhits, daß sie den Filmen zusätzlich eine besondere Note gibt. Romantik pur. Die Liebesgeschichten, die sie musikalisch untermalt, verewigt sie durch ihre Stimme und ihre Lieder in den Herzen ihrer Fans.

9. René Angélil – Manager und Traummann

Zwei Menschen haben in Célines Leben eine ganz besondere Bedeutung; beide stehen von Anfang an voll und ganz hinter ihrer Karriere. Zunächst ist dies die von ihr sehr geliebte und verehrte Mutter Thérèse, mit der sie noch heute jeden Tag in Kontakt steht. Lange Zeit hat Thérèse ihre Tochter zu all ihren Konzerten begleitet, ganz gleich wohin und wann. Heute kann sie das aus gesundheitlichen und zeitlichen Gründen nicht mehr tun. Céline spricht nach wie vor voller Bewunderung von ihrer Mutter: »Meine Mutter hat unheimlich viele Gaben. Sie kann sehr gut kochen und hat Violine gespielt. Sie löst jedes Problem, und ihr Herz ist größer als dieser Raum hier. Ich rufe sie jeden Tag an, egal wo ich bin. Sie will, daß ich anrufe, aber ich will es auch. Wir reden nicht viel – wie geht's, Grüße an Dad, ich habe Dich lieb ...« (Onyx).

Ihre Mutter ist es, die ihre Karriere von Anfang an unterstützt hat. Und sie hält auch die Fäden in der Hand, als es darum geht, Célines erste Demokassette erfolgreich zu vermarkten.

Dabei wird der erste Kontakt zu René Angélil hergestellt.

Doch wer ist eigentlich der Mann neben Céline Dion? Der Mann, der einem jungen Mädchen zu einer Weltkarriere verhilft und heute mit der Sängerin glücklich verheiratet ist.

Über René ist wenig Persönliches an die Öffentlichkeit getragen worden. Oft erfährt man nicht viel mehr als bloße Fakten, zum Beispiel, daß Schwarz, Weiß und Rot seine Lieblingsfarben

sind. René beschreibt sich selber als korrekt und ordentlich, gelegentlich allerdings auch launisch.
Am 16. Januar 1942 erblickt der Sohn eines Schneiders und einer Hausfrau in Montreal, im Stadtviertel Ahuntsic, das Licht der Welt. Renés Vater stammt aus der syrischen Hauptstadt Damaskus, die er mit 27 Jahren verließ, um nach Kanada auszuwandern. Renés Mutter stammt zwar aus Montreal, ihre Vorfahren sind jedoch auch aus Syrien eingewandert. René und sein Bruder André werden nach syrischer Tradition erzogen. Im Hause Angélil werden drei Sprachen gesprochen: Französisch, Englisch und Arabisch.
Wie alle Jugendlichen sollte auch René etwas Solides lernen. Auf Wunsch seiner Eltern schreibt er sich nach seinem Schulabschluß am Institut »Hautes Études Commerciales« in Montreal ein, wo er Wirtschaftswissenschaft studieren soll. Doch mehr als Zahlen faszinieren den Teenager seit Jahren die Noten. Mit zwanzig Jahren kann er seine Leidenschaft nicht mehr unterdrücken und widmet sich gegen den Willen seiner Eltern dem Showbusiness. 1961 gründet er zunächst mit zwei Freunden, den Geschwistern Beaulne und Pierre Labelle, die Popgruppe »Les Baronets«. Die französische Coverversion des »Beatles«-Titels *Hold Me Tight*, *C'est fou, mais c'est tout*, verhilft dem Trio 1964 zum Durchbruch in Quebec.
Im selben Jahr wird Johnny Farago als neuer Sänger engagiert. Von nun an wird die Interpretation von Elvis-Titeln zur Spezialität der Combo. Einer ihrer größten Hits ist dabai *Je t'aime, je te veux*, die Coverversion des Elvis-Songs *I Want You, I Need You, I Love You.* Damit sind die »Baronets« ab 1965 auf der Höhe ihres Erfolges. Der charismatische Frontmann Farago wird als kanadischer Elvis Presley gehandelt und ist vor allem in seiner Heimat Quebec ein gefeierter Top-Star. Die Band nimmt noch bis 1972 Platten auf. Immer wieder auftretende Unstimmigkeiten zwischen den Bandmitgliedern lassen sich nicht bereinigen,

so daß 1972 das Ende unvermeidbar wird. Anläßlich des 20. Todestags von Elvis Presley, am 16. August 1997, wollen sich die mittlerweile versöhnten Mitglieder der »Baronets« wiedervereinigen. Doch dazu kommt es nicht mehr. Johnny Farago stirbt im Juli 1997 tragischerweise an den Folgen eines Herzinfarktes.[7]

Ein Freund aus der wilden »Baronets«-Zeit ist auch der Musikliebhaber Guy Cloutier. Trotz ihrer Gegensätzlichkeit werden René und Guy die besten Freunde und beziehen 1964 sogar gemeinsam ein Appartement: Guy, der extrovertierte, hemmungslose und manchmal sehr theatralische junge Mann, und René, der reservierte, introvertierte und vor allem berechnende Charakter. Beide stehen unter dem Einfluß der großen Befreiungsbewegungen der sechziger Jahre, hören mit Vorliebe die »Beatles« und lieben schnelle Autos. Für ein Poster posieren sie als ihre großen Vorbilder: Jerry Lewis und Dean Martin. Keine Frage, wer wen darstellte: René war Martin und Guy der Komiker Lewis.

Mitte der sechziger Jahre kommt für René zum ersten Mal die große Liebe ins Spiel. Bislang hat sich der zurückhaltende Musiker eher kurzlebigen Liebschaften, vorzugsweise aus seinem Groupie-Umfeld, hingegeben. Das ändert sich, als er die hübsche Blondine Denyse Duquette kennen und lieben lernt. Auch Denyse ist ein Groupie, doch bedeutet sie René mehr als ihre Vorgängerinnen. Sie verloben sich und heiraten schließlich

7 Noch bis 1992 erscheinen Alben von den »Baronets«. Nach 1972 sind dies jedoch lediglich Best-of-Alben und Platten mit Konzertmitschnitten. Folgende Alben sind erschienen: *Les Baronets en spectacle* (1963); *Ça recommence* (1964); *Les Baronets à la Comédie Canadienne* (1965); *Les Baronets en personne* (1967); *15 succès* (1969); *Les palmarès des Baronets* (1969); *21 titres d'or* (1974); *Une soirée au cabaret avec les Baronets* (1989); *Les Baronets* (1992). 1989 nehmen Pierre Labelle und René Angélil ein Album ohne die anderen Bandkollegen auf unter dem Titel *Pierre Labelle et René Angélil.* Die Alben sind lediglich in Quebec erschienen. Auf dem deutschen Markt ist derzeit kein Album mit Songs von den »Baronets« erhältlich.

am 11. Dezember 1966 in der Kirche Saint-Sauveur in Montreal; Guy Cloutier ist Trauzeuge. Bereits einen Tag nach der Hochzeit scheint das Glück des jungen Liebespaares getrübt. Eine Ex-Freundin von René, Maryse Laplant, bringt am 12. Dezember einen Sohn, Maxime, zur Welt und möchte René die Vaterschaft anhängen. René streitet sie allerdings ab, da Maryse für ihre zahlreichen Liebschaften bekannt ist. Außerdem hatte sie seit Monaten eine Affäre mit Johnny Farago. Dennoch leben alle Beteiligten lange in Ungewißheit. Erst 1995 stellt sich heraus, daß tatsächlich Farago der Vater von Maxime ist. Auf Betreiben Maximes war eine Blutuntersuchung durchgeführt worden. Ergebnis: René kann definitiv nicht der Vater von Maxime sein.

Aus der Ehe von Denyse und René geht auch ein Sohn hervor: Patrick, geboren am 28. Januar 1968. Gut zwei Monate später, am 30. März 1968, wird in Charlemagne ein Mädchen geboren, sein Name: Céline Dion. Renés ältester Sohn ist also genauso alt wie Renés jetzige Frau, Céline Dion.

Man erzählt sich heute, daß sich an Célines Geburtstag 1968 ganz in der Nähe von Charlemagne die Gruppe »Baronets« zu einem Konzert aufhält.

1973 läßt sich René Angélil von seiner ersten Frau Denyse scheiden. Nur elf Tage nach der Scheidung, am 23. Juni 1973, heiratet er die erfolgreiche Sängerin Anne-Renée Kiroauc (geb. 24. August 1950 in Montreal). Anne-Renée, die als Vierzehnjährige debütierte, hat einige Erfolge in Quebec als Sängerin, später auch als Moderatorin von Fernsehshows. Ihre Hits heißen *Ding Dong*, *Le Snoopy* und *Les Filles.* 1970 kümmerten sich Guy und René um die Karriere der Sängerin. Aus der geschäftlichen Beziehung zu Anne-Renée wurde eine Liebesbeziehung.

Gemeinsam mit seinem Freund Guy Cloutier macht sich René in dieser Zeit selbständig, um professionell als Musikpromoter zu arbeiten. Sie gründen eine Promotionfirma mit dem Namen »Guy Cloutier Inc.«. René ist Angestellter und Aktionär dieser Firma. Die beiden vertreiben zum einen erfolgreich Platten US-amerikanischer Künstler in Kanada, zum anderen kümmern sie sich um die Promotionarbeit für ihre Schützlinge. 1977 kommt es allerdings zum Bruch zwischen den ehemaligen Busenfreunden. René fühlt sich finanziell benachteiligt und möchte gleichberechtigter Teilhaber an dem Unternehmen »Guy Cloutier Inc.« werden. Guy lehnt ab. Die beiden können sich nicht einigen und trennen sich im Streit, treffen sich aber in den achtziger Jahren wieder und erneuern ihre Zusammenarbeit. Heute ist Guy Cloutier auch für die Promotion von Céline Dion mit zuständig.

Zunächst macht René Angélil jedoch allein als Manager weiter. Zu seinen Protegés zählt auch Ginette Reno. Ginette ist in den siebziger Jahren die beliebteste und erfolgreichste Chanteuse Quebecs. Ihr größter Erfolg ist das Lied *Je ne suis qu'une chanson*, das aus der Feder von Eddy Marnay (Text) und Diane Juster (Musik) stammt.

Ginette Reno löst 1981 ihre Zusammenarbeit mit René Angélil auf – just zu dem Zeitpunkt, als das Demotape der 13jährigen Céline Dion auf seinen Schreibtisch kommt.

Begeistert von der Stimme und dem Song, will René Céline managen. Allerdings fehlt ihm damals das nötige Kapital. Aus diesem Grund entscheidet sich René, für die Finanzierung des ersten Albums von Céline Dion sein Haus mit einer Hypothek zu belasten.

Am 30. März 1982, Célines 14. Geburtstag, gründen René Angélil und seine Frau Anne-Renée die Firma »TBS«. Einziges Ziel: die Promotion von Céline Dion.

1985 kommt es zu einem erneuten Bruch in Renés Leben. Anne-Renée reicht die Scheidung ein. Sie verlangt das Sorgerecht für die beiden Kinder, die aus der Ehe hervorgegangen sind: Jean-Pierre (geboren am 23. März 1974) und Anne-Marie (geboren am 12. Juni 1977). Die Scheidung wird am 3. März 1986 ausgesprochen. Grund für die Trennung soll ein Musiker namens Michel Fauteux gewesen sein, in den sich Anne-Renée verliebt haben soll. Andere Stimmen aus dem Umfeld des Paares behaupten allerdings, daß nicht die Affäre, sondern das fehlende Privatleben Grund für die Trennung gewesen sei. Anne-Renée und René seien Opfer ihrer eigenen Ambitionen geworden. 1987, nachdem Céline bei Sony Music unterschrieben hat, löst René sich auch von der Firma »TBS«. Bis heute ist er der erfolgreiche Manager von Céline Dion. Bereits mehrfach wurde er mit dem »Felix« als bester Manager ausgezeichnet.

10. Céline und René – Liebe wie im Märchen

Céline Dion beschreibt René Angélil bereits in den frühen Jahren der Zusammenarbeit als »Mann ihres Schicksals«. Nach eigenen Aussagen hat sie sich aber zu Anfang noch nicht in ihn verliebt, sondern erst nach einiger Zeit, als sie schon 16 war. Doch ihre Gefühle wurden erst vier Jahre später erwidert. Die geschäftliche Beziehung war zwar von Anfang an auch eine freundschaftliche, doch erst 1990 wird aus Freundschaft endlich Liebe. In der Öffentlichkeit halten sie ihre Beziehung allerdings geheim. Beide wollen Spekulationen in der Presse vermeiden, die die Beziehung in ein falsches Licht rücken könnten. Ein alternder Manager angelt sich seinen jungen Schützling, das wäre ein gefundenes Fressen für die Gazetten. Außerdem sollten Mutmaßungen vermieden werden, René habe Céline als Minderjährige verführt. René stellt von Anfang an die Bedingung, daß über die Beziehung nichts nach außen getragen werden soll.

Erst an Célines 25. Geburtstag lassen sie die Katze aus dem Sack: in einem Interview geben die beiden 1993 nun offiziell ihre Verlobung bekannt. Céline erzählt, daß sie sich zuerst in ihn verliebt habe. Sie habe sehr wohl gemerkt, daß auch René mehr als nur freundschaftliche Gefühle ihr gegenüber hegte, und ihn letztlich dazu überreden können, seine Gefühle schließlich zuzulassen. Célines Familie und Freunde waren schon länger informiert. Keiner hatte irgendwelche Einwände gegen die

Liebesbeziehung. Mutter Thérèse war sehr gerührt, als sie erfuhr, daß sich ihre Tochter in René verliebt hatte.
Bei der Releaseparty des Albums *The Colour Of My Love*, am 8. November 1993 in der Montrealer Disco »Métropolis«, umarmt und küßt sie den Mann, den sie liebt, zum ersten Mal vor laufenden Kameras. Die Fotos gehen um die Welt. Nach der Präsentation des Albums, das als »album d'amour« voll und ganz René gewidmet ist, haben die anwesenden Journalisten die Gelegenheit, Fragen zu stellen. Weniger das neue Album, eher die Beziehung steht im Mittelpunkt des Interesses. Natürlich kommt die Frage auf, warum René und Céline ihre Meinung geändert haben und nun doch ihre Liebe öffentlich bekannt machen. Céline gibt die passende Antwort: »Nun, ich bin keine vierzehn mehr, ich bin 25. Außerdem habe auch ich das Recht, verliebt zu sein. Die Zeit war gekommen, um es der Öffentlichkeit kundzutun. Ich liebe einen Mann, und ein Mann liebt mich. Das ist alles« (Beaunoyer S. 255).
Es kommen – wie so oft – auch in diesem Fall böse Spekulationen auf. So wird von einigen Gazetten behauptet, der Medienrummel um die Romanze zwischen Céline und René sei mit Absicht inszeniert worden, um *The Colour Of My Love* besser promoten zu können.
Natürlich wird Céline immer wieder auf den nicht unerheblichen Altersunterschied von 26 Jahren angesprochen, und sie erwidert, das scheine eher den Medien etwas auszumachen. Sie störe das überhaupt nicht. Es komme doch nur darauf an, den Mann, den man liebe, an seiner Seite zu haben: »Ich habe viel von ihm gelernt und kann ihm total vertrauen. Das ist mir sehr wichtig in dem Business« (*Bravo*, 12/1998).
Spätestens im Sommer 1994 weiß jeder in Kanada, daß es den beiden Verliebten ernst ist. Der offizielle Heiratstermin wird bekanntgegeben: der 17. Dezember 1994. Da sowohl Céline als auch René sehr gläubige Katholiken sind, wollen sie auf jeden

Céline und René feiern ihren Hochzeitstag © action press/Ima Press

Fall eine kirchliche Hochzeit. Allerdings muß René erst seine Ehe mit Anne-Renée annullieren lassen. René ist Maronite. Die Maroniten sind Angehörige der einzigen unierten orientalischen Kirche. Diese hat sich 1445 Rom angeschlossen. Sitz der Maroniten ist Dimane im Libanon, aber auch in Syrien gibt es zahlreiche Gläubige, die sich zu den Maroniten zählen. Da sie ebenso fundamental sind wie die römischen Katholiken, ist eine Annullierung der Ehe nur in Ausnahmesituationen möglich und mit hohen Kosten und Mühen verbunden. Über die genauen Umstände, unter denen die Annullierung letztendlich zustandekommt, ist jedoch nichts bekannt.
Auf jeden Fall kann die feierliche Hochzeit wie geplant am 17. Dezember 1994 in der Kirche Nôtre Dame in Montreal stattfinden.
An jenem Samstag haben 450 offizielle Gäste Gelegenheit, dieser Zeremonie beizuwohnen. Bei den Feierlichkeiten sind auch

Prominente sowie Freunde und Freundinnen von Céline und René anwesend. Eingeladen sind auch diejenigen, die in früheren Phasen von Renés und Célines Leben wichtig waren: Michel Jasmin, René Simard, Guy Cloutier, die ehemaligen »Baronets« Jean Beaulne und Pierre Labelle. Anwesend sind unter anderem auch David Foster und der ehemalige Premierminister Brian Mulroney. Über 2000 Schaulustige drängen sich an der Kathedrale in der Montrealer Altstadt, um einen Blick auf das Brautpaar werfen zu können.

Célines weißes Brautkleid ist exklusiv von der Schneiderin und Designerin Mirella Gentille aus Montreal entworfen. Ihre Schleppe, die zahlreiche Brautjungfern halten, ist zehn Meter lang. Das Diadem wiegt mehrere Kilo. Renés Trauzeuge ist sein ältester Sohn Patrick aus erster Ehe. Er steht während der Zeremonie direkt neben seinem stolzen Vater. Céline steht neben ihrem Vater und ist umgeben von ihren 13 Geschwistern.

Als Pfarrer Poirier endlich das zukünftige Ehepaar fragt, ob sie sich in guten wie in schlechten Tagen lieben werden und zueinander stehen werden, antwortet René mit überzeugender, kräftiger Stimme ohne Zögern: »Ja, ich will!« Céline, sichtlich gerührt, antwortet ebenso überzeugt.

Dieses gesellschaftliche Ereignis wird in ganz Kanada stark beachtet. Von der Traumhochzeit des Jahres, ja sogar von der Traumhochzeit des Jahrzehnts ist die Rede. Seit der Eheschließung von Lady Diana und Prinz Charles 1981 hat keine Hochzeit die Kanadier mehr so stark berührt wie die von Céline und René.

Die anschließenden Flitterwochen verbringt das frisch vermählte Paar in West Palm Beach in Florida, wo sie seit einiger Zeit eine Villa besitzen. 1997 kaufen sie sich eine neue Villa in Florida, die an Célines 30. Geburtstag am 30. März 1998 feierlich eingeweiht wird. Neben der modernen Villa in Florida besitzt das Paar noch ein Haus in Montreal, das im typischen englischen Landhausstil eingerichtet ist, mit einer riesigen Bibliothek, einem großen Schornstein, einem gemütlichen Kamin und bequemen Ledermöbeln. Überall schmücken Pflanzen und Blumenvasen das Haus.

Auf ihre Ehe mit René angesprochen, äußert die romantische Sängerin in einem Interview verliebt: »Mein Mann, der gleichzeitig mein Manager ist, ist der Grund dafür, daß ich meine Lieder so tief empfinden kann. Er hat mir so viel Liebe geschenkt. Wenn ich ein Liebeslied singe, höre ich nur in mich hinein. All die erhaltene Liebe kann ich jetzt mit der Welt teilen« (Onyx).

Für ihre private Zukunft wünscht sie sich nichts sehnlicher, als ein Baby zu bekommen. Oft scherzt sie in Interviews, daß sie wie ihre Eltern 14 Kinder haben möchte: »Ich möchte Kinder mit meinem Mann. Wir üben zur Zeit, es geht schon ganz gut!« (Onyx), oder: »Es gibt nichts Schöneres als ein Haus voller Kinder« (Karstadt MusicNews 5/98).

Auch hausfrauliche Tätigkeiten schätzt sie sehr, und sie möchte gerne mehr Zeit in ihren eigenen vier Wänden verbringen: »Seit ich geheiratet habe, fühle ich mich komplett. Ich koche gerne und mache gerne sauber.« Doch die Einschränkung folgt prompt: »Natürlich nur deshalb, weil ich es nicht jeden Tag machen muß. Ich bin sicher, viele Frauen werden jetzt sagen: ›Hör auf damit, ich würde gerne reisen und aus meinen vier Wänden herauskommen.‹ Aber ich würde gerne den Haushalt machen« (Onyx).

Daß Céline in René ihre ganz große Liebe gefunden hat, strahlt sie auch mit ihren Liedern aus: »Ich bin sehr glücklich, weil ich sehr viel Liebe bekommen habe. Ich versuche, das anderen mitzuteilen und zurückzugeben.«

Mit ihren Liedern möchte Céline auch das Glück anderer Liebespaare unterstützen: »Ich freue mich, wenn mir jemand erzählt, er hätte zu einem Lied wie *The Power Of Love* geheiratet oder sich mit seinem Mann versöhnt« (Onyx).

Eines ihrer größten privaten Hobbies ist der Golfsport. Vor allem René ist ein passionierter Golfer. Rasch konnte er auch seine Ehefrau für diese Sportart begeistern: »René und ich legen gerade einen Golfplatz an, wenige Autominuten von Montreal entfernt. Am Rande des riesigen Geländes steht eine Villa, in die wir bald einziehen werden. Der Golfplatz ist für alle Clubmitglieder zugänglich« (*Bravo* 12/1998).
Wenn es die Zeit erlaubt, betreibt Céline darüber hinaus auch Wasserski und Inlineskating. René verbringt seine knapp bemessene Freizeit lieber mit Kinobesuchen und Lesen. Außerdem fahren sie ab und zu in die Alpen zum Skilaufen. Céline ist übrigens eine leidenschaftliche Schuhsammlerin. Mittlerweile soll ihre Kollektion über tausend Paar umfassen. Außerdem besitzt sie ein Umkleidezimmer von 90 m^2. Dank ihres Erfolges kann sie es sich auch leisten, wertvolle Kleider und Schmuckstücke einzukaufen. Sie steht auf teure Marken à la Dior, Chanel oder Gucci: »Ich liebe es, schöne Sachen einzukaufen und unterschiedliche Stile an mir auszuprobieren. Es ist zwar nicht immer bequem, Pfennigabsätze zu tragen, aber sie machen so chic« (*Paris Match*, 16. 4. 1998).
Wenn ein Paar nicht nur privat, sondern auch beruflich eng miteinander verbunden ist, sind oft die Grenzen zwischen Privatleben und Beruf sehr fließend: »Manchmal ist es schwierig. Dann müssen wir einfach sagen: Schnitt! Wenn wir ein paar Tage oder eine Woche freinehmen, dann reden wir eigentlich nie über Geschäftliches. Wir haben eine Menge anderer Dinge zu tun« (René; arte).
»Er hat es schwerer als ich, denn er bekommt immer die ganzen Anrufe, ob ich hier und dort hinkommen kann. Er muß andauernd ans Telefon. Oft sitze ich am Pool und warte auf ihn. Manchmal sage ich: Geh jetzt nicht ran. Aber so einfach ist das nicht. Und dann piepst auch noch das Fax die ganze Zeit« (Céline; arte).

Eine weitere Leidenschaft von Céline ist das Kochen. Wenn René von ihren Kochkünsten spricht, gerät er sofort ins Schwärmen: »Sie ist eine super Köchin, sehr kreativ. Sie kann aus allem, was sie im Kühlschrank findet, etwas Tolles und Besonderes machen« (arte). »Seine große Stärke ist es, mit mir am frühen Morgen zurechtzukommen. Ich habe Probleme am Morgen. Ich bin sehr langsam und habe keine Lust aufzustehen. Er ist ein Frühaufsteher und kommt daher mit einem ›Hallo, Schatz, ich liebe Dich! Was für ein phantastischer Tag!‹. Ich bin halt ein Morgenmuffel« (arte).
Céline und René, für viele eins der großen Traumpaare der neunziger Jahre. Eine ganz besondere Romanze.

11. »Nickel's«

Mittlerweile gehören sie zum festen Stadtbild jeder größeren kanadischen Stadt: die Filialen der Restaurantkette »Nickel's«. Und jeder Besucher, der eine Münze in die Jukebox wirft, kann der Stimme der Inhaberin lauschen: Céline Dion.

Gemeinsam mit ihrem Mann René feilte Céline längere Zeit an einem Konzept für ein eigenes Restaurant. Auch wenn das Interieur und die Philosophie von »Nickel's« dies nicht vermuten lassen, liegt der Ursprung der Idee in Frankreich.

René Angélil besucht bei fast jedem Parisaufenthalt nur ein einziges Restaurant: »Le point du jour«. Es ist ein kleines Restaurant, das sich im 9. Arrondissement in der Rue Cadet in Paris befindet. Auch mit Céline Dion war er bereits Anfang der achtziger Jahre oft zu Gast in dem urigen Lokal. René und Céline haben schon fast all ihre Freunde und Bekannten mit ins »Le point du jour« gebracht. So sind auch Eddy Marnay, Michel Drucker, Mama Dion oder Anne-Renée seinerzeit begeistert gewesen vom Flair dieses Restaurants. Schnell entwickelt sich eine innige Freundschaft zu dem Inhaberpaar Dodo und Guy Morali.

So langsam interessieren sich Céline und René dafür, ein eigenes Restaurant in Quebec zu eröffnen. Auch ihre Mutter Thérèse ist begeistert. Sofort schlägt sie vor, selbstgebackenes Brot und kleine Pasteten anzubieten. Die Idee nimmt Ende der achtziger Jahre konkrete Gestalt an. Großes Interesse zeigt außerdem Paul Sara, ein Cousin mütterlicherseits von René. Auch die

befreundeten Brüder Peter und Lawrence Mammas lassen sich schließlich für das Projekt gewinnen.
Am 5. Dezember 1990 ist es dann soweit: das erste Restaurant mit dem Namen »Nickel's« öffnet seine Pforten, und zwar in Saint-Laurent in Quebec, auf dem Côte Vertu Boulevard. Die Werbetrommel rührt Céline am Anfang höchstpersönlich. Sie tritt in einigen Werbespots auf, die im Quebecer Fernsehen ausgestrahlt werden.
Die Besucher des Restaurants erleben eine Zeitreise zurück in die fünfziger Jahre Amerikas. Das Familienrestaurant ist im typischen »Diner«-Stil eingerichtet. Die Inneneinrichtung zeigt viel Chrom und bunte, schillernde Farben überall, Türkis, Gelb, Rosa und Grau. Stilgerecht sitzt man in Vinylsitzgruppen, ein Hauch von Kitsch durchzieht die Räumlichkeiten. Original Harley Davidsons und Rolls Royces gehören wie selbstverständlich zum Equipment. Inspiriert wurden die Einrichter von den Restaurants »Johnny Rocker« in Kalifornien.
Natürlich darf die für die fünfziger Jahre obligatorische Jukebox nicht fehlen. Nicht ganz stilgerecht, sind hier neben den klassischen »Golden Oldies« auch Titel aus Célines Repertoire zu hören.
An den Wänden hängen Poster von Hollywoodstars vergangener Jahre: Charlie Chaplin, Marilyn Monroe, James Dean, Humphrey Bogart, Elvis Presley. Doch die Inhaberin selber hat sich mit Aufnahmen an den Wänden ebenfalls verewigt: Fotos von Céline Dion gemeinsam mit Michael J. Fox oder Elton John schmücken die Räumlichkeiten.
Geradezu klassisch ist auch die Speisekarte. Neben diversen Milchshakes werden zum Beispiel vorzügliche Apfeltörtchen angeboten. Hier findet sich für jeden Geschmack etwas: Hamburger, Pizza, Pasta, Hühnchen, Steaks, Spareribs und diverse Sandwiches sind im Angebot. Spezialität des Hauses ist allerdings das einzigartige Rauchfleischsandwich.

Die Familienmitglieder sowohl von Célines als auch von Renés Seite erfüllen sich hiermit einen besonderen Lebenstraum: eine Erinnerung an die eigene Vergangenheit, die hier lebendig bleibt. Es ist praktisch ein kleines persönliches Denkmal.
Das Restaurant »Nickel's« in Saint Laurent entwickelt sich zum Renner und wird ein In-Treff. Im Mai 1991 gibt Céline dort eine Autogrammstunde, zu der über tausend Personen kommen.
Schnell bekommt das Restaurant über die Stadtgrenzen hinaus einen hervorragenden Ruf. Das ist sicherlich nicht zuletzt Céline Dion zu verdanken. »Nickel's« entwickelt sich zu einer Pilgerstätte von Céline-Dion-Fans. Schnell werden sich die Teilhaber einig, daß dieser Erfolg ausbaufähig ist. Es sollen weitere Restaurants folgen. 1993 gibt es bereits neun Franchise-Filialen in Quebec. 1997 ist »Nickel's« fast schon flächendeckend über ganz Kanada verteilt: 35 Filialen eröffnen in allen größeren und vielen kleineren Städten. Auch andere Familienmitglieder von Céline steigen in das Restaurantgeschäft ein. Ihre Schwester Claudette leitet beispielsweise die Restaurants in Montreal und Terrebonne.
Das erfolgreiche Unternehmen will weiter expandieren. Der erste Schritt in Richtung USA ist bereits unternommen. 1995 eröffnet die erste amerikanische »Nickel's«-Filiale in Fort Lauderdale in Florida.
Die Restaurantkette hat ihren Namen übrigens von Céline erhalten. Sie ist nach ihrer Glückszahl, der Fünf, benannt. Die umgangssprachliche Bezeichnung für »Fünf Cent« lautet in Kanada gemeinhin »nickel«, da diese Münzen aus Nickel hergestellt werden.
Der Name ist gleichzeitig Programm. Alle Beteiligten haben ein glückliches Händchen und führen »Nickel's« gemeinsam zum Erfolg.
Für fünf Cent kann man übrigens außerdem die Jukebox im Restaurant bedienen.

12. Karine

Ein trauriges Kapitel im Leben der Quebecer Sängerin ist der tragische Tod ihrer Nichte Karine.

Karine war die 1977 geborene Tochter von Célines Schwester Liètte Ménard. Als Karine neun Jahre alt war, diagnostizierten die Ärzte bei ihr eine schwere Bindegewebskrankheit (zystische Fibrose), die früher oder später zum Tode führt. In Europa leidet eins von 2000 Neugeborenen an dieser Stoffwechselkrankheit, die vielfach auf einen genetischen Defekt zurückzuführen ist. Es kommt zu Bindegewebsverhärtungen und zur Zystenbildung. Wie bei Karine machen sich die ersten Symptome in der Regel bereits in der frühen Kindheit bemerkbar. Dazu zählen: Reizhusten, Kurzatmigkeit und Herzjagen. »Zystische Fibrose gehört zu den häufigsten angeborenen Stoffwechselkrankheiten« (Pschyrembel S. 470). Im Verlauf der Krankheit können symptombedingt schwere Komplikationen im Bereich der Atemwege auftreten. Die beschriebenen Beschwerden betrafen auch Karine. Von Geburt an litt sie an Durchfall, sie war blaß und schwach. Im Krankenhaus erfuhr Liètte, daß ihre Tochter höchstens 12 bis 13 Jahre alt werden würde. Rein statistisch gesehen erreichen gegenwärtig etwa 80 % der jungen Patienten mindestens das 19. Lebensjahr. Doch weder eine umfangreiche Langzeittherapie noch die Entdeckung des Gens, 1989, das als Ursache für die Krankheit angesehen wird, konnten Karine letztendlich helfen.

Zu Beginn der neunziger Jahre muß sich Liètte, die inzwischen von ihrem Mann geschieden ist, seelisch auf den Tod ihrer Tochter vorbereiten. Trotz eines enormen Lebenswillens erleidet Karine immer wieder schwere Rückschläge. Aber auch wenn sie kontinuierlich an Gewicht verliert, ihr Gesicht blasser und ihr Körper schwächer werden, gibt die Familie die Hoffnung nicht auf, daß sich doch noch alles zum Guten wenden könne.
Anfang 1993 verschlimmern sich allerdings die Symptome drastisch, Karine liegt schwerkrank im Krankenhaus. Eine chronische Bronchitis verstärkt das Leiden des Teenagers zusätzlich. Am Abend des 2. Mai 1993, mit nur 16 Jahren, stirbt Karine. Céline ist mit der ganzen Familie im Krankenhaus, als das junge Mädchen stirbt: »Ich weiß nicht, warum, aber ich sang einen alten Song, den einmal Eddy Marnay für mich geschrieben hatte, der Song heißt übersetzt ›Vögel der Freude‹.[8] Ich hielt Karine in meinem Arm und sang dieses Lied. Ganz leise und sanft, direkt in ihr Ohr. Ich spürte, wie langsam alles Leben aus ihrem Körper wich. Es war sehr, sehr hart, aber gleichzeitig auch ein Geschenk. Im Französischen sagt man: jemanden in den Himmel begleiten« (arte).
Das Schicksal ihrer Nichte begleitet Céline auch während ihrer musikalischen Karriere: »Sie ist eine wichtige Inspirationsquelle für mich gewesen« (Beaunoyer S. 250).
1984 widmet Céline Karine zum ersten Mal ein Lied. In dem Titelsong des Albums *Mélanie* singt sie über ihre Nichte, in der Hoffnung, daß Karine den Kampf gegen die Fibrose-Krankheit gewinnen kann.
Der französische Starkomponist Jean-Jacques Goldman schreibt Anfang der Neunziger für Céline unter anderem den Titel *Vole*. Er sagte damals zu Céline: »Dieser Song ist ein Geschenk. Tu damit, was Du willst« (arte). Für die Sängerin hat der Titel

8 Céline meint das Chanson *Les oiseaux du bonheur* aus dem Jahr 1984.

Wir brauchen uns sicher so schnell nicht von Céline zu verabschieden
© Fotex/Th. Podlecki

sofort eine ganz besondere Bedeutung: »Als ich dieses Lied hörte, wußte ich, dieser Song beinhaltet genau die Gefühle, die ich für meine verstorbene Nichte Karine hatte. Karine wird immer Teil meines Lebens sein. Und ich bin stolz darauf, daß ich ihr diesen Song widmen kann« (arte).

Um den Titel auch dem englischsprachigen Publikum nicht vorzuenthalten, nimmt Céline eine englische Version für das Album *Falling Into You* auf: *Fly*.

Das schwere Schicksal von Karine motiviert Céline bereits zu Beginn der achtziger Jahre, sich für die kanadische Fibrose-Stiftung (»Canadian Cystic Fibrosis Foundation (CFF)«) einzusetzen. Immer wieder gibt sie Konzerte zugunsten dieser Organisation.

1993 übernimmt sie die Funktion als Schirmherrin der Fibrose-Stiftung. Dank ihres außerordentlichen Engagements findet die

Kampagne (1994–1997), die die kanadische Bevölkerung über die schwere Krankheit aufklären soll, großen Anklang und trifft auf breites Interesse. Zusammen mit Chanelle Lemieux Lecavalier, einem Quebecer Mädchen, das an der Gewebekrankheit leidet, macht Céline in den Medien auf das Schicksal der Betroffenen aufmerksam. Die Veranstalter wollen ausreichend Spendengelder eintreiben, um die Fibrose-Forschung anzukurbeln, damit in naher Zukunft ein Medikament auf den Markt kommt, das die Krankheit heilen und letztendlich besiegen kann.
Céline selber spendet regelmäßig einen Teil ihrer Einnahmen zugunsten dieser Organisation. Außerdem gibt sie des öfteren Wohltätigkeitskonzerte, deren Einnahmen ganz in die Fibrose-Stiftung einfließen.
1996 und 1997 kommt es zu einer erfolgreichen Zusammenarbeit mit der kanadischen Fluggesellschaft »Royal Airlines«, die sich gemeinsam mit Céline Dion für die Stiftung einsetzt. Es steht außer Zweifel, daß es vor allem Célines Popularität zu danken ist, daß der schweren Fibrosekrankheit nicht nur in Kanada, sondern auch weltweit eine größere Beachtung geschenkt wird.
In dem CD-Booklet von *Let's Talk About Love* findet sich eine Widmung für Karine: »To Karine … I'm with you today, more than ever.«

13. Fragebogen

Name:	Céline Dion
Geburtsdatum:	30. März 1968
Geburtsort:	Charlemagne/Quebec
Sternzeichen:	Stier (Aszendent Löwe)
Familienstand:	verheiratet (mit René Angélil)
Manager:	René Angélil
Eltern:	Thérèse und Adhémar Dion
Brüder:	Clement; Michel; Jacques; Daniel; Paul
Schwestern:	Denise; Claudette; Liètte; Louise; Ghislaine; Linda; Manon; Pauline
Nichten und Neffen:	ca. 32
Haarfarbe:	braun
Augenfarbe:	haselnußbraun
Größe:	171 cm
Gewicht:	57 kg
Stärken:	Selbstbeherrschung; Professionalität; Disziplin
Schwächen:	Ungeduld; Morgenmuffeligkeit
Glückszahl:	5 (sie hat immer ein kleines Pastiktütchen mit einem Fünf-Cent-Stück aus dem Jahr 1968 dabei, das sie auf der Straße gefunden hat)
Lieblingsparfüm:	Chanel No. 5

Lieblingsfarben:	Schwarz, Weiß, Rot
Lieblingsrestaurant:	Nickel's
Lieblingsessen:	Mutters Küche; libanesisch; italienisch
Sammelleidenschaft:	Schuhe; Miniaturtassen; Kristallfiguren
Lieblingssport:	Golf; Wasserski; Inlineskating; Ski
Lieblingssänger:	Michael Jackson; Stevie Wonder
Lieblingssängerinnen:	Barbra Streisand; Natalie Cole; Ginette Reno
Lieblingsschauspieler:	Dustin Hoffman; Tom Cruise; Richard Chamberlain; Leonardo DiCaprio
Lieblingsschauspielerinnen:	Meryl Streep; Barbra Streisand
Lieblingsfilm:	Das Schweigen der Lämmer
Musikinstrument:	Klavier
Was sie an Leuten am meisten schätzt:	Ehrlichkeit
Zweiter Karrierewunsch:	Mannequin
Schönster Urlaub:	Weihnachten mit ihrer Familie; ab und zu ein Urlaub auf Hawaii
Größter Wunsch:	ein Baby zu bekommen und so viel Besitztümer zu haben, daß ihre Familie mit ihr zusammenleben kann

14. Célines Familie

Name	Geburts-datum	Beziehung	Beruf
Adhémar Dion	2. März 1923	Vater	Ruhestand
Thérèse Dion, geb. Tanguay	20. März 1927	Mutter	Hausfrau
Dénise Dion	16. August 1946	Schwester	Floristin
Clément Dion	2. November 1947	Bruder	Blechschmied
Claudette Dion	10. Dezember 1948	Schwester	Sängerin; Restaurant-besitzerin (»Nickel's«-Filialen)
Liètte Dion	8. Februar 1950	Schwester	Hausfrau
Michel Dion	18. August 1952	Bruder	Musiker; Célines stellvertre-tender Tour-Manager

Name	Geburtsdatum	Beziehung	Beruf
Louise Dion	22. September 1953	Schwester	Verkäuferin für Damenmoden
Jacques Dion	10. März 1955	Bruder	Gitarrist und Komponist
Daniel Dion	29. November 1956	Bruder	Dekorateur
Ghislaine Dion	28. Juli 1958	Schwester	Studentin der Wirtschaftswissenschaften
Linda Dion	23. Juni 1959	Schwester	Restaurantmanagerin
Manon Dion	7. Oktober 1960	Schwester	Hairstylistin; besitzt eigenen Salon, begleitet Céline auch auf Tournee als Stylistin
Paul Dion	3. April 1962	Bruder	Restaurantbesitzer
Pauline Dion	3. April 1962	Schwester	Präsidentin von Célines internationalem Fanclub
Céline Dion	30. März 1968	Nesthäkchen	Superstar

15. Discographie

Alben

La voix du bon Dieu (1)*
Erschienen: 1981 – Verkaufte Exemplare: 50 000
Label: Super Étoile (Quebec)

Au secours
Autour de moi
Ce n'était qu'un rêve
Grand maman
L'amour viendra
La voix du bon Dieu
Les roses blanches
Seul un oiseau blanc
Tire l'aiguille

Céline Dion chante Noël (2)*
Erschienen: 1981 – Verkaufte Exemplare: 25 000
Label: Super Étoile (Quebec)

Glory alleluia
J'ai vu maman embrasser Père Noël
Joyeux Noël
Le p'tit renne au nez rouge

Les enfants oubliés
Noël blanc
Père Noël arrive ce soir
Petit Papa Noël
Promenade en traîneau
Sainte nuit

Tellement j'ai d'amour . . . (3)*
Erschienen: 1982 – Verkaufte Exemplare: 125 000
Label: Saisons (Quebec)

D'amour ou d'amitié
Écoutez-moi
La voix du bon Dieu
Le piano Fantôme
Le tour du monde
Le vieux monsieur de la rue Royale
Tellement j'ai d'amour pour toi
Tu restes avec moi
Visa pour les beaux jours

Les chemins de ma maison (4)*
Erschienen: 1983 – Verkaufte Exemplare: 150 000
Label: Saisons (Quebec)

Du soleil au cœur
Et puis un jour
Hello mister Sam
La do do la do
Les chemins de ma maison
Mamy Blue
Mon ami m'a quittée
Ne me plaignez pas

Toi sur la montagne
Vivre et donner

Du soleil au cœur (5)*
Erschienen: 1983 (Frankreich) – Verkaufte Exemplare: 50 000
Label: Carrere

A quatre pas d'ici
D'amour ou d'amitié
Du soleil au cœur
Hello mister Sam
La do do la do
Le vieux monsieur de la rue Royale
Les chemins de ma maison
Mon ami m'a quittée
Ne me plaignez pas
Tellement j'ai d'amour pour toi

Chants et contes de Noël (6)*
Erschienen: 1983 – Verkaufte Exemplare: 75 000
Label: Saisons (Quebec)

A quatre pas d'ici
Glory alleluia
Joyeux Noël
Le conte de Karine
Pourquoi je crois encore au Père Noël (conte)
Promenade en traîneau
Un enfant

Mélanie (7)*
Erschienen: 1984 – Verkaufte Exemplare: 175 000
Label: TBS (Quebec)

Benjamin
Chante-moi
Comme on disait avant
Mélanie
Mon rêve de toujours
Trois heures vingt
Trop jeune à dix-sept ans
Un amour pour moi
Une colombe
Va où s'en va l'amour

Les oiseaux du bonheur (8)*
Erschienen: 1984 (Frankreich) – Verkaufte Exemplare: 50 000
Label: TBS (Quebec)

Benjamin
Hymne à l'amitié
La voix du bon Dieu (Neuaufnahme)
Les oiseaux du bonheur
Mon rêve de toujours
Paul et Virginie
Tellement j'ai d'amour pour toi
Trois heures vingt
Trop jeune à dix-sept ans
Un amour pour moi
Paul et Virginie

Les plus grands succès de Céline Dion (9)*
Erschienen: 1984 – Verkaufte Exemplare: 75 000
Label: TBS (Quebec)

Ce n'était qu'un rêve
D'amour ou d'amitié

Glory alleluia
La voix du bon Dieu
Les chemins de ma maison
Mon ami m'a quittée
Tellement j'ai d'amour pour toi
Un enfant
Vivre et donner

C'est pour toi (10)*
Erschienen: 1985 – Verkaufte Exemplare: 50 000
Label: TBS (Quebec)

Amoureuse
Avec toi
C'est pour toi
C'est pour vivre
Dis-moi si je t'aime
Elle
Les oiseaux du bonheur
Pour vous
Tu es là
Virginie . . . roman d'amour (neue Version des Titels Paul et Virginie)

Céline Dion en concert (11)*
Erschienen: 1985 – Verkaufte Exemplare: 50 000
Label: TBS (Quebec)

Ouverture (la première fois)
Carmen
D'amour ou d'amitié
Hommage à Félix Leclerc (Medley)
Hommage à Michel Legrand (Medley)

Les chemins de ma maison
Mon ami m'a quittée
Over The Rainbow
Tellement j'ai d'amour pour toi
Une colombe
Up Where We Belong
What A Feeling
Finale (la première fois)

Les chansons en or (12)*
Erschienen: 1986 – Verkaufte Exemplare: 150 000
Label: TBS

Ce n'était qu'un rêve
La voix du bon Dieu
Tellement j'ai d'amour pour toi
D'amour ou d'amitié
Mon amour ma quittée
Les chemins de ma maison
Mon rêve de toujours
Mélanie
Une colombe
C'est pour toi
Fais ce que tu voudras

Incognito (13)
Erschienen: 1987 – Verkaufte Exemplare: 500 000
Label: Epic/CBS

Incognito
Lolita (Trop jeune pour aimer)
On traverse un miroir
Partout je te vois

Jours de fièvre
D'abord c'est quoi l'amour
Délivre-moi
Comme un cœur froid

Vivre [Deutschland]/The Best Of* (Resteuropa) (14)
Erschienen: 1988 – Verkaufte Exemplare: 100 000
Label: Carrere (Europa)

Benjamin
Billy
C'est pour toi
C'est pour vivre
D'amour ou d'amitié
Je ne veux pas
La religieuse
Les chemins de ma maison
Les oiseaux du bonheur
Mon ami m'a quittée
Ne partez pas sans moi

Unison (15)
Erschienen: 1990 – Verkaufte Exemplare: 2 000 000
Label: Epic/Columbia/Sony

(If There Was) Any Other Way
If Love Is Out Of Question
Where Does My Heart Beat Now
The Last To Know
I'm Loving Every Moment With You
Love By Another Name
Unison
I Feel Too Much

If We Could Start Over
Have A Heart

Dion chante Plamondon/Des mots qui sonnent* [Frankreich] (16)
Erschienen: 1991 – Verkaufte Exemplare: 1 400 000
Label: Epic/Columbia/Sony Music

Des mots qui sonnent
Le monde est stone
J'ai besoin d'un chum
Le fils du Superman
Je danse dans ma tête
Le blues du businessman
Piaf chanterait du rock
Quelqu'un que j'aime quelqu'un qui m'aime
Les uns contre les autres
Oxygène
L'amour existe encore
Un garçon comme les autres (Ziggy)

Céline Dion (17)
Erschienen: 1992 – Verkaufte Exemplare: 4 000 000
Label: Epic/Columbia/Sony Music

Love Can Move Mountains
Show Some Emotion
If You Asked Me To
If You Could See Me Now
Halfway To Heaven
Did You Give Enough Love
If I Were You
Beauty And The Beast (Duett mit Peabo Bryson)

I Love You, Goodbye
Little Bit Of Love
Water From The Moon
With This Tear
Nothing But My Broken Heart

The Colour Of My Love (18)
Erschienen: 1993 – Verkaufte Exemplare: 15 000 000
Label: Epic/Columbia/Sony Music

The Power Of Love
Misled
Think Twice
Only One Road
Everybody's Talkin' My Baby Down
Next Plane Out
Real Emotion
When I Fall In Love (Duett mit Clive Griffin)
Love Doesn't Ask Why
Refuse To Dance
I Remember L. A.
No Living Without Loving You
Lovin' Proof
Just Walk Away
The Colour Of My Love

Les premières années (19)
Erschienen: 1993 – Verkaufte Exemplare: 200 000
Label: Epic/Sony

D'amour ou d'amitié
Visa pour les beaux jours
En amour

Les oiseaux du bonheur
Tellement j'ai d'amour pour toi
La religieuse
C'est pour toi
Ne partez pas sans moi
Mon ami m'a quittée
Avec toi
Mon rêve de toujours
Du soleil au cœur
A quatre pas d'ici
Un amour pour moi
Billy
Comment t'aimer

Céline Dion à l'Olympia (20)
Erschienen: 1994 – Verkaufte Exemplare: 800 000
Label: Epic/Columbia/Sony Music

Des mots qui sonnent
Where Does My Heart Beat Now
L'amour existe encore
Je danse dans ma tête
Calling You
Elle
Medley Starmania: Quand on arrive en ville/Les uns contre les autres/Le monde est stone/Naziland, ce soir on danse
Le blues du businessman
Le fils du Superman
Love Can Move Mountains
Un garçon pas comme les autres (Ziggy)
Quand on n'a que l'amour
The Power Of Love

D'eux (in den USA erschienen als: The French Album)* (21)
Erschienen: 1995 – Verkaufte Exemplare: 6 500 000
Label: Epic/Columbia/Sony

Pour que tu m'aimes encore
Le ballet
Je sais pas
La mémoire d'Abraham
Cherche encore
Destin
Les derniers seront les premiers
J'attendai
J'irai où tu iras
Prière païenne
Vole

Céline Dion Gold*/For You/Ne partez pas sans moi* /La romance – 14 Love Songs (22)
Erschienen: 1995/96 – Verkaufte Exemplare: 250 000
Labels: Polydor/Startel

D'amour ou d'amitié
Visa pour les beaux jours
Ne partez pas sans moi
Les oiseaux du bonheur
Tellement j'ai d'amour pour toi
La religieuse
C'est pour toi
Avec toi
Mon rêve de toujours
Du soleil au cœur
Un amour pour moi

Billy
Comment t'aimer
A quatre pas d'ici

Gold Vol. 2 (23)
Erschienen: 1995 – Verkaufte Exemplare: 100 000
Label: Startel

C'est pour vivre
Comme un cœur froid
D'abord c'est quoi l'amour
Délivre-moi
En amour
Hymne à l'amitié
Incognito
Je ne veux pas
Jours de fièvre
La do do la do
Lolita (Trop jeune pour aimer)
Mon ami m'a quittée
On traverse un miroir
Partout je te vois

Falling Into You (24)
Erschienen: 1996 – Verkaufte Exemplare: 23 000 000
Label: Epic/Columbia/Sony Music

It's All Coming Back To Me Now
Because You Loved Me
Falling Into You
Make You Happy
Seduces Me
All By Myself

(You Make Me Feel) Like A Natural Woman
Dreaming Of You
I Love You
If That's What It Takes
River Deep Mountain High
Your Light
Call The Man
Fly

Live à Paris (25)
Erschienen: 1996 – Verkaufte Exemplare: 2 500 000
Label: Epic/Columbia/Sony Music

Destin
J'attendai
J'irai où tu iras
Je sais pas
Le ballet
Les derniers seront les premiers
Pour que tu m'aimes encore
Prière païenne
Quand on n'a que l'amour
Regarde-moi
River Deep Mountain High
The Power Of Love
To Love You More
Un garçon pas comme les autres (Ziggy)
Vole

C'est pour vivre (26)
Erschienen: 1997 – Verkaufszahlen: nicht bekannt
Label: Startel

Benjamin
C'est pour vivre
En amour
Hello mister Sam
Hymne à l'amitié
Je ne veux pas
La do do la do
La voix du bon Dieu
Les chemins de ma maison
Mon ami m'a quittée
Ne me plaignez pas
Paul et Virginie
Trois heures vingt
Trop jeune à dix-sept ans

The Collection 1982–1988 (27)
Doppel-CD
Erschienen: 1997 – Verkaufte Exemplare: nicht bekannt
Label: BR Music

CD 1:
Ne partez pas sans moi
D'amour ou d'amitié
Visa pour les beaux jours
Les oiseaux du bonheur
Tellement j'ai d'amour pour toi
La religieuse
C'est pour toi
Avec toi
Mon rêve de toujours
Du soleil au cœur
A quatre pas d'ici
Un amour pour moi

Billy
Comment t'aimer

CD 2:
Mon ami m'a quittée
La do do la do
Hymne à l'amitié
Je ne veux pas
C'est pour vivre
En amour
Ne me plaignez pas
Les chemins de ma maison
Hello Mister Sam
Trois heures vingt
Trop jeune à dix-sept ans
Paul et Virginie
La voix du bon Dieu
Benjamin

Let's Talk About Love (28)
Erschienen: 1997 – Verkaufte Exemplare: noch nicht bekannt
Label: Epic/Columbia/Sony Music

The Reason
Immortality
Treat Her Like A Lady
Why Oh Why
Love Is On The Way
Tell Him (Duett mit Barbra Streisand)
Amar haciendo el amor
When I Need You
Miles To Go (Before I Sleep)
Us

Just A Little Bit Of Love
My Heart Will Go On (Love Theme From *Titanic*)
Where Is The Love
Be The Man
I Hate You Then I Love You (Duett mit Luciano Pavarotti)
Let's Talk About Love

* Dieses Album ist in Deutschland bislang überhaupt nicht bzw. nicht unter diesem Titel erhältlich.

Songtitel alphabetisch

A quatre pas d'ici (französische Version von *The Land Of Make Believe* von Bucks Fizz)
T: Eddy Marnay; M: Andy Hill/Pete Sinfield
Erhältlich auf: 6; 19; 22; 27
All By Myself
T: Eric Carmen; M: Sergei Wassiljewitsch Rachmaninow
Erhältlich auf: 24; Single
Amar haciendo el amor
T: Billy Mann; M: Manny Benito/Denise Rich
Erhältlich auf: 28
Amoureuse*
T: Eddy Marnay; M: Paul Baillargeon
Erhältlich auf: 10
Au secours*
T: Robert Leroux; M: Pierre Létrouneau
Erhältlich auf: 1
Autour de moi*
T: Thérèse Dion; M: Pierre A. Tremblay
Erhältlich auf: 1

Avec toi
T: Eddy Marnay; M: Thierry Geoffroy; Christian Loigerot
Erhältlich auf: 10; 19; 22; 27

Be The Man
T: David Foster; M: Junior Miles
Erhältlich auf: 28
Beauty And The Beast (Duett mit Peabo Bryson)
T: Howard Ashman; M: Alan Menken
Erhältlich auf: 17; Soundtrackalbum *Beauty And The Beast*; Bonustrack auf Single-CD *My Heart Will Go On*
Because You Loved Me (Love Theme From »Up, Close & Personal«)
T & M: Diane Warren
Erhältlich auf: 24; Bonustrack auf Single-CD *My Heart Will Go On*
Benjamin
T: Eddy Marnay; M: P. Papadiamandis
Erhältlich auf: 7; 8; 14; 27
Billy
T: Eddy Marnay; M: Patrick Lemaitre
Erhältlich auf: 14; 19; 22; 27
Brahms' Lullaby
T & M: Johannes Brahms
Erhältlich auf: Sampler *For Our Children Too**

C'est pour toi
T: Eddy Marnay; M: François Oren
Erhältlich auf: 10; 12; 14; 19; 22; 27
C'est pour vivre (unter Verwendung des Chorals *V'la L'bon vent*)
T: Eddy Marnay; M: André Popp
Erhältlich auf: 10; 14; 23; 27

Call The Man
T & M: Andy Hill/Pete Sinfield
Erhältlich auf: 24; Single
Calling You
T & M: Bob Telson
Erhältlich auf: 20
Can't Live With You, Can't Live Without You (Duett mit Billy Newton-Davis)
T: Dan Hill; M: J. Parker
Erhältlich auf: Album *Spellbound* von Billy Newton-Davis
Carmen*
T & M: Georges Bizet
Erhältlich auf: 11
Ce n'était qu'un rêve*
T: Thérèse Dion; M: Céline Dion/Jacques Dion
Erhältlich auf: 1; 9; 12
Chante-moi*
T: Eddy Marnay; M: Alain Noreau
Erhältlich auf: 7
Cherche encore
T & M: Erick Benzi
Erhältlich auf: 21
Comme on disait avant*
T: Eddy Marnay; M: Alain Noreau
Erhältlich auf: 7
Comme un cœur froid
T: Eddy Marnay; M: Jean-Alain Roussel
Erhältlich auf: 13; 23
Comment t'aimer
T: Eddy Marnay; M: Romano Musumarra
Erhältlich auf: 19; 22; 27

Cry Just A Little
T: T. Faragher; M: L. Golden
Erhältlich: als Bonus-Track auf der Single-CD *Love Can Move Mountains*

D'abord c'est quoi l'amour
T: Eddy Marnay; M: Steven Tracey
Erhältlich auf: 13; 23
D'amour ou d'amitié
T: Eddy Marnay; M: Jean-Pierre Lang/Roland Vincent
Erhältlich auf: 3; 5; 9; 11; 12; 14; 19; 22; 27
Dans la main d'un magicien* (→ *Listen To The Magic Man*)
T: Eddy Marnay; M: Lewis Furey
Erhältlich auf: Soundtrack *Opération beurre de pinottes*
Declaration Of Love
T: Claude Gaudette; M: Michael Jay
Erhältlich auf: 24
Délivre-moi
T: E. G. Daily/Eddy Marnay; M: Harold Faltermeyer
Erhältlich auf: 13; 23
Des mots qui sonnent
T: Luc Plamondon; M: Marty Simon/Aldo Nova
Erhältlich auf: 21
Destin
T & M: Jean-Jacques Goldman
Erhältlich auf: 21; 25
Did You Give Enough Love
T: S. Swirsky; M: Arnie Roman
Erhältlich auf: 17
Dis-moi si je t'aime*
T: Eddy Marnay; M: Paul Baillargeon
Erhältlich auf: 10

Dreaming Of You
T: Aldo Nova; M: Peter Barbeau
Erhältlich auf: 24
Du soleil au cœur
T: Eddy Marnay; M: Jean-Claude Massoulier/André Popp
Erhältlich auf: 4; 5; 19; 22; 27

Écoutez-moi*
T: Eddy Marnay; M: André Popp
Erhältlich auf: 3
Elle
T: Eddy Marnay; M: Paul Baillargeon
Erhältlich auf: 10; 20
En amour
T: Eddy Marnay; M: Thierry Geoffroy/Christian Loigerot
Erhältlich auf: 10; 19; 23; 27
Et puis un jour*
T: Eddy Marnay; M: Alain Noreau
Erhältlich auf: 4
Everybody's Talkin' My Baby Down
T: Russ Desalvo; M: Arnie Roman
Erhältlich auf: 18

Fais ce que tu voudras*
T: Eddy Marnay; M: René Grignon
Erhältlich auf: 12
Falling Into You
T & M: Marie-Claire D'Ubaldo/
Rick Nowels/Billy Steinberg
Erhältlich auf: 24; Single
Finale (La première fois)*
T: Eddy Marnay; M: Paul Baillargeon
Erhältlich auf: 11

Fly (englische Version von → *Vole*)
T: Jean-Jacques Goldman/Phil Galdston;
M: Jean-Jacques Goldman
Erhältlich auf: 24

Glory alleluia*
T & M: André Pascal
Erhältlich auf: 2; 6; 9
Grand maman*
T: Thérèse Dion; M: Céline Dion/Jacques Dion
Erhältlich auf: 1

Halfway To Heaven
T: F. Golde; M: H. David/N. Holland
Erhältlich auf: 17
Hand In Hand*
T: Nella Martinetti; M: Attila Sereftug
Erhältlich auf: Promotionsingle zum Grand Prix d'Eurovision 1988
Have A Heart
T: Aldo Nova; M: Ralph McCarthy/Billy Steinberg
Erhältlich auf: 15
Hello Mister Sam
T: Eddy Marnay; M: Thierry Geoffry/Christian Loigerot
Erhältlich auf: 4; 5; 27
Here There & Everywhere
T & M: Paul McCartney
Erhältlich auf: Album *In My Life* von Sir George Martin (1998)
Hommage à Félix Leclerc (Medley)*
T & M: Félix Leclerc
Erhältlich auf: 11

Hommage à Michel Legrand (Medley)*
T: Eddy Marnay; M: Michel Legrand
Erhältlich auf: 11
Hymne à l'amitié
T: Eddy Marnay;
M: S. Bardot/D. Baldan Bembo/M. Giacomelli
Erhältlich auf: 8; 23; 27

I Don't Know
T: Phil Galdston/Jean-Jacques Goldman; M: J. Kapler
Erhältlich auf: 24
I Feel Too Much
T: Eric Pressley; M: Tom Keane
Erhältlich auf: 15
I Hate You Then I Love You (Duett mit Luciano Pavarotti)
T: Tony Renis/Norman Newell; M: Manuel De Falla/Alberto Testa/Fabio Testa
Erhältlich auf: 28
I Love You
T & M: Aldo Nova
Erhältlich auf: 24
I Love You, Goodbye
T & M: Diane Warren
Erhältlich auf: 17
I Remember L. A.
T: Richard Wold; M: Tony Colton
Erhältlich auf: 18
I'm Loving Every Moment With You
T: Eric Pressley/T. Collins; M: Tom Keane
Erhältlich auf: 15
If I Were You
T: S. Peiken; M: Arnie Roman
Erhältlich auf: 17

If Love Is Out Of The Question
T: Phil Palmer; M: Paul Bliss
Erhältlich auf: 15
If That's What It Takes
T: Jean-Jacques Goldman/Phil Galdston;
M: Jean-Jacques Goldman
Erhältlich auf: 24
(If There Was) Any Other Way
T & M: Paul Bliss
Erhältlich auf: 15; Single
If We Could Start It Over
T & M: S. Meissner
Erhältlich auf: 15
If You Asked Me To
T & M: Diane Warren
Erhältlich auf: 17; Single
If You Could See Me Now
T: John Bettis; M: Walter Afanasieff
Erhältlich auf: 17
Immortality
T & M: Barry, Robin & Maurice Gibb
Erhältlich auf: 28
Incognito
T: Luc Plamondon; M: Jean-Alain Roussel
Erhältlich auf: 13; 23
It's All Coming Back To Me Now
T & M: Jim Steinman
Erhältlich auf: 24; Sampler Platin 4 (EMI Germany); Single

J'ai besoin d'un chum
T: Luc Plamondon; M: François Cousineau
Erhältlich auf: 16

J'ai vu maman embrasser le Père Noël* (französische Version von *I Saw Mummy Kissing Santa Claus*)
T & M: Traditional
Erhältlich auf: 2
J'attendais
T & M: Jean-Jacques Goldman
Erhältlich auf: 21; 25
J'irai où tu iras
T & M: Jean-Jacques Goldman
Erhältlich auf: 21; 25
Je danse dans ma tête
T: Luc Plamondon; M: Romano Musumarra
Erhältlich auf: 16; 20
Je ne veux pas
T: Eddy Marnay; M: Romano Musumarra
Erhältlich auf: 14; 23; 27
Je sais pas
T: Jean-Jacques Goldman; M: J. Kapler
Erhältlich auf: 21; 25
Jours de fièvre
T: Eddy Marnay; M: Jean-Alain Roussel
Erhältlich auf: 13; 23
Joyeux Noël* (französische Version von → *The Christmas Song*)
T: Mel Tormé; M: R. Wells
Erhältlich auf: 2; 6
Just A Little Bit Of Love
T: Maria Christensen/Arnie Roman; T: Arthur Jacobson
Erhältlich auf: 28
Just Walk Away
T: Albert Hammond; M: Marti Sharron
Erhältlich auf: 18

L'amour viendra*
T: Eddy Marnay; M: D. Baldan Bembo/A. Cassella
Erhältlich auf: 1
L'amour existe encore
T: Luc Plamondon; M: Richard Cocciante
Erhältlich auf: 16; 20
L'univers a besoin d'amour*
T & M: Paul Baillargeon
Erhältlich auf: nur als Single in Quebec erschienen
La ballade de Michel* (englische Version von → *Michael's Song*)
T: Eddy Marnay; M: Furey Lewis
Erhältlich auf: Soundtrack *Opération beurre de pinottes*
La do do la do
T: Eddy Marnay; M: Christian Gaubert
Erhältlich auf: 4; 5; 23; 26; 27
La mémoire d'Abraham
T & M: Jean-Jacques Goldman
Erhältlich auf: 21
La religieuse
T & M: Didier Barbelivien
Erhältlich auf: 14; 19; 22; 27
La voix du bon Dieu
T & M: Eddy Marnay
Erhältlich auf: 1; 8 (Neuaufnahme '84); 9; 12; 26; 27 (Neuaufnahme '84)
Là-bas*
T & M: Jean-Jacques Goldman
Erhältlich auf: Sampler *Les enfoirés au Grand Rex* (Frankreich)
Le ballet
T & M: Jean-Jacques Goldman
Erhältlich auf: 21; 25

Le blues du businessman
T: Luc Plamondon; M: Michel Berger
Erhältlich auf: 16; 20
Le conte de Karine*
T & M: nicht bekannt
Erhältlich auf: 6
Le fils de Superman
T: Luc Plamondon; M: Germain Gauthier
Erhältlich auf: 16; 20
Le monde est stone
T: Luc Plamondon; M: Michel Berger
Erhältlich auf: 16
Le p'tit renne au nez rouge* (englische Version von → *Rudolph The Red-Nose Rindeer*)
T & M: nicht bekannt
Erhältlich auf: 2
Le piano fantôme*
T: Luc Plamondon; M: François Cousineau
Erhältlich auf: 3
Le tour du monde*
T: Eddy Marnay; M: Jean-Pierre Calvet
Erhältlich auf: 3
Le vieux monsieur de la rue Royale*
T: Eddy Marnay; M: Alain Noreau
Erhältlich auf: 3; 5
Let's Talk About Love
T: Bryan Adams; M: Jean-Jacques Goldman/Elliott Kennedy
Erhältlich auf: 28
Les chemins de ma maison
T: Eddy Marnay; M: A. Bernard/Patrick Lemaitre
Erhältlich auf: 4; 5; 9; 11; 12; 14; 26; 27

Les derniers seront les premièrs
T & M: Jean-Jacques Goldman
Erhältlich auf: 21; 25
Les enfants oubliés*
T & M: nicht bekannt
Erhältlich auf: 2
Les oiseaux du bonheur
T: Eddy Marnay; M: André Popp
Erhältlich auf: 8; 10; 14; 19; 22; 27
Les roses blanches*
T: C. Pothier; M: L. Raiter
Erhältlich auf: 1
Les uns contre les autres
T: Luc Plamondon; M: Michel Berger
Erhältlich auf: 16
Les yeux de la faim*
T: Gil Courtemanche; M: Jean Robitaille
Erhältlich: nur als Single (in Quebec erschienen)
Listen To Me*
T: Linda Thompson; M: David Foster/Will Jennings
Erhältlich auf: nur auf dem Sampler *Celebration* (Kanada) erschienen
Listen To The Magic Man* (→ *Dans la main d'un magicien*)
T: Eddy Marnay/Howard Forman/Lewis Furey;
M: Lewis Furey
Erhältlich auf: Soundtrack *Peanut Butter Solution*
Little Bit Of Love
T: Claude Gaudette; M: A. Scott
Erhältlich auf: 17
Lolita (Trop jeune pour aimer)
T: Luc Plamondon; M: David Lavoie
Erhältlich auf: 13; 23

Love By Another Name
T: Glen Ballard; M: David Foster/Cliff Magnes
Erhältlich auf: 15
Love Can Move Mountains
T & M: Diane Warren
Erhältlich auf: 17; 20; Single
Love Doesn't Ask Why
T: Phil Galdston/Cynthia Weil; M: Barry Mann
Erhältlich auf: 18
Love Is On The Way
T: Peter Zizzo; M: Denise Rich/Tina Shafer
Erhältlich auf: 28
Love Lights The World*
T: Linda Thompson;
M: David Foster/Kenny »Babyface« Edmonds
Erhältlich: auf dem Sampler *For Our Children Too* (USA/Kanada) erschienen
Love You Blind
T: J. Oliver; M: S. Crow
Erhältlich: als Bonustrack auf der Single *If You Asked Me To*
Lovin' Proof
T & M: Diane Warren
Erhältlich auf: 18

Ma chambre*
T: Jean-Pierre Ferland; M: Jean-Pierre Ferland/Daniel Mercure
Erhältlich auf: 13 (nur auf bestimmten Ausgaben dieses Albums erhältlich)
Make You Happy
T & M: Andy Marvel
Erhältlich auf: 24

Mamy Blue*
T & M: Hubert Giraud
Erhältlich auf: 4
Medley Starmania
T: Luc Plamondon; M: Michel Berger
Erhältlich auf: 20
Mejor decir adios (It's Hard To Say Goodbye) (Duett mit Paul Anka)
T: Paul Anka/Adrian Posse/Humberto Gattica; M: Mark Spiro/ Jack White
Erhältlich auf: Album Amigos von Paul Anka
Mélanie*
T: Eddy Marnay; M: Diane Juster
Erhältlich auf: 7; 12
Michael's Song* (englische Version von → *La ballade de Michel*)
T: Howard Forman/Eddy Marnay/Judi Richards;
M: Lewis Furey
Erhältlich auf: Soundtrack *Peanut Butter Solution*
Miles To Go (Before I Sleep)
T & M: Corey Hart
Erhältlich auf: 28
Misled
T: Jimmy Bralower; M: Peter Zizzo
Erhältlich auf: 18; Single
Mon ami, geh' nicht fort (deutsche Version von → *Mon amour, m'a quittée*)
T: Hans Bradtke; M: Christian Loigerot/Thierry Geoffroy
Erhältlich: nur als Single (in Deutschland erschienen)
Mon ami m'a quittée
T: Eddy Marnay; M: Christian Loigerot/Thierry Geoffroy
Erhältlich auf: 9; 11; 12; 14; 19; 23; 26; 27; Single

Mon rêve de toujours
T: Eddy Marnay; M: J. P. Goussaud
Erhältlich auf: 7; 8; 12; 19; 22; 27
My Heart Will Go On
T: Will Jennings; M: James Horner
Erhältlich auf: 28; Soundtrack *Titanic* (von James Horner); Single-CD normal; Single-CD mit drei Remixversionen

Ne me plaignez pas
T: Eddy Marnay; M: S. Thompson
Erhältlich auf: 4; 5; 9; 26; 27; Single
Ne partez pas sans moi
T: Nella Martinetti; M: Attila Sereftug
Erhältlich auf: 14; 19; 22; 27; Single
Next Plane Out
T & M: Diane Warren
Erhältlich auf: 18
No Living Without Loving You
T & M: Diane Warren
Erhältlich auf: 18
Noël blanc*
T & M: nicht bekannt
Erhältlich auf: 2
Nothing Broken But My Heart
T & M: Diane Warren
Erhältlich auf: 17

On traverse un miroir
T: Isa Minoke; M: Robert Lafond
Erhältlich auf: 13; 23
Only One Road
T & M: Peter Zizzo
Erhältlich auf: 18

Ouverture (La première fois)*
T: Eddy Marnay; M: Paul Baillargeon
Erhältlich auf: 11
Over The Rainbow* (der Originaltitel lautete ursprünglich *Somewhere Over The Rainbow*)
T & M: Harold Arlen/E. Y. Harburg
Erhältlich auf: 11
Oxygène
T: Luc Plamondon; M: Germain Gauthier
Erhältlich auf: 16

Partout je te voix
T: Eddy Marnay; M: Aldo Nova
Erhältlich auf: 13; 23
Paul et Virginie (das Lied erschien auch unter dem Titel → *Virginie . . . roman d'amour*)
T: Eddy Marnay; M: Thierry Geoffroy/Christian Loigerot
Erhältlich auf: 8; 26; 27
Père Noël arrive ce soir*
T & M: nicht bekannt
Erhältlich auf: 2
Petit Papa Noël*
T & M: nicht bekannt
Erschienen auf: 2
Petit Papa Noël (zusammen mit den »Chipmunks«)
T & M: nicht bekannt
Erhältlich auf: Album *A Very Merry Chipmunk*
Piaf chanterait du rock
T:Luc Plamondon; M: Germain Gauthier
Erhältlich auf: 16
Plus haut que moi* (Duett mit Mario Pelchat)
T: Eddy Marnay; M: Mark Blatte/Ken Cummings
Erschienen auf: Album *Mario Pelchat* von Mario Pelchat (Quebec)

Pour que tu m'aimes encore
T & M: Jean-Jacques Goldman
Erhältlich auf: 21; 25
Pour vous*
T: Eddy Marnay; M: Peter Sipos
Erhältlich auf: 10
Pourquoi je crois encore au Père Noël*
T & M: nicht bekannt
Erhältlich auf: 6
Prière païenne
T & M: Jean-Jacques Goldman
Erhältlich auf: 21; 25
Promenade au traîneau*
T: A. Anderson; M: M. Parish
Erhältlich auf: 2; 6

Quand on n'a que l'amour
T & M: Jacques Brel
Erhältlich auf: 20; 25
Quelqu'un que j'aime, quelqu'un qui m'aime
T: Luc Plamondon; M: Erown
Erhältlich auf: 16

Real Emotion
T & M: Diane Warren
Erhältlich auf: 18
Refuse To Dance
T: Danny Schogger; M: Charlie Dore
Erhältlich auf: 18
Regarde-moi
T & M: Jean-Jacques Goldman
Erhältlich auf: 21; 25

River Deep, Mountain High
T: Jeff Barry/Ellie Greenwich; M: Phil Spector
Erhältlich auf: 24; 25

Sainte nuit*
T & M: Traditional
Erhältlich auf: 2
Seduces Me
T: Dan Hill; M: Dan Hill/John Sheard
Erhältlich auf: 24
Send Me A Lover
T: R. Hahn; M: G. Thatcher
Erhältlich: nur auf verschiedenen Samplern, in Deutschland auf *Women To Women 2*
Seul un oiseau blanc*
T: Eddy Marnay; M: Daniel Hétu
Erhältlich auf: 1
Show Some Emotion
T: A. Gold; M: G. Prestopino/B. Walsh
Erhältlich auf: 17
Sola otre vez* (spanische Version von → *All My Myself*)
T: Eric Carmen; M: Sergei Wassiljewitsch Rachmaninow
Erhältlich auf: 24 (Ausgabe für Spanien und Lateinamerika); Bonustrack Single *Because You Loved Me* (ebenfalls spanische und lateinamerikanische Ausgabe)

Tell Him (Duett mit Barbra Streisand)
T: Linda Thompson; M: Walter Afanasieff/David Foster
Erhältlich auf: 28; Single
Tellement j'ai d'amour pour toi
T: Eddy Marnay; M: Hubert Giraud
Erhältlich auf: 3; 5; 8; 9; 11; 12; 19; 22; 27

The Christmas Song (englische Version von → *Joyeux Noël*)
T: Mel Tormé; M: Robert Wells
Erschienen auf: *The Christmas Album* von David Foster
The Colour Of My Love
T: Arthur Janov; M: David Foster
Erhältlich auf: 18
The Last To Know
T: Phil Gladston; M: Brock Walsh
Erhältlich auf: 15
The Power Of Love
T: Candy de Rouge/Gunther Mende;
M: Mary Susan Applegate/Jennifer Rush
Erhältlich auf: 18; 20; 25; Single
The Power Of A Dream
T: Linda Thompson; M: David Foster/Babyface
Erhältlich als: Bonustrack auf der Single *It's All Coming Back To Me Now*
The Reason
T: Carole King; M: Mark Hudson/Greg Wells
Erhältlich auf: 28
Think Twice
T: Pete Sinfield; M: Andy Hill
Erhältlich auf: 18; Single
Tire l'aiguille*
T: Eddy Marnay; M: Eddie Barclay/Emile Stern
Erhältlich auf: 1
To Love You More
T: Junior Miles; M: David Foster
Erhältlich auf: 25; Bonustrack auf der Single *Because You Loved Me;* Single (Japan)
Toi sur la montagne*
T: Eddy Marnay; M: Alain Noreau
Erhältlich auf: 4

Tonight We Dance (englische Version von → *Je danse dans ma tête*)
T: Luc Plamondon/Tim Rice; M: Michel Berger
Erhältlich auf: Soundtrack-Album Tycoon
Treat Her Like A Lady
T: Diana King/Andy Marvel/Céline Dion; M: Billy Man
Erhältlich auf: 28
Trois heures vingt
T: Eddy Marnay; M: Patrick Lemaitre
Erhältlich auf: 7; 8; 26; 27
Trop jeune à dix-sept ans
T: Eddy Marnay; M: P. Greedus/B. Blue
Erhältlich auf: 7; 8; 26; 27
Tu es là*
T: Eddy Marnay; M: Paul Baillargeon
Erhältlich auf: 10
Tu restes avec moi*
T: Eddy Marnay; M: François Cousineau
Erhältlich auf: 3

Un amour pour moi
T: Eddy Marnay; M: Thierry Geoffroy/Christian Loigerot
Erhältlich auf: 7; 8; 19
Un enfant*
T: Jacques Brel; M: Gérard Jouannest
Erhältlich auf: 6; 9
Un garçon pas comme les autres (Ziggy)
T: Luc Plamondon; M: Michel Berger
Erhältlich auf: 16; 20; 25
Une colombe*
T: Marcel Lefebre; M: Paul Baillargeon
Erhältlich auf: 7; 11; 12

Unison
T: Bruce Roberts; M: Andy Goldmark
Erhältlich auf: 15
Up Where We Belong*
T & M: Will Jennings/Jack Nitzsche/Buffy Sainte-Mary
Erhältlich auf: 11
Us
T & M: Billy Pace
Erhältlich auf: 28

Va où s'en va l'amour*
T: Eddy Marnay; M: Alain Noreau
Erhältlich auf: 7
Virginie ... roman d'amour (auch bekannt unter dem Titel → *Paul et Virginie*)
T: Eddy Marnay; M: Thierry Geoffroy/Christian Loigerot
Erhältlich auf: 10
Visa pour les beaux jours
T: Eddy Marnay; M: Thierry Geoffroy/Christian Loigerot
Erhältlich auf: 3; 19; 22; 27
Vivre et donner
T: Eddy Manray; M: Ben Kaye
Erhältlich auf: 4; 9
Voices That Care*
T: Linda Thompson; M: Peter Cetera/David Foster
Erhältlich auf: nur in den USA als Single erschienen
Vois comme c'est beau* (Duett mit Claudette Dion)
T & M: Martin Pelletier
Erhältlich auf: Album *Hymnes à l'amour* von Claudette Dion
Vole
T & M: Jean-Jacques Goldman
Erhältlich auf: 21; 25

Was bedeute ich dir
(deutsche Version von → *D'amour ou d'amitié*)
T: Hans Bradtke; M: Jean-Pierre Lang/Roland Vincent
Erhältlich: nur als Single in Deutschland erschienen
Water From The Moon
T & M: Diane Warren
Erhältlich auf: 17
What A Feeling* (der Originaltitel lautete ursprünglich *Flashdance... What A Feeling*)
T & M: Irene Cara/Keith Forsey/Giorgio Moroder
Erhältlich auf: 11
When I Fall In Love (Duett mit Clive Griffin)
T: Victor Young; M: Edward Heyman
Erhältlich auf: 17; Soundtrack-Album *Sleepless In Seattle;* Single; Bonustrack auf der Single-CD *My Heart Will Go On*
When I Need You
T: Albert Hammond; M: Carol Bayer Sager
Erhältlich auf: 28
Where Does My Heart Beat Now
T: Taylor Rhodes; M: Robert Johnson White
Erhältlich auf: 15; 20; Single
Where Is The Love
T & M: Corey Hart
Why Oh Why
T: Marti Sharron; M: Danny Sembello
Erhältlich auf: 28
Wishful Thinking (Duett mit Dan Hill)
T & M: Dan Hill
Erhältlich auf: Album *Real Love* von Dan Hill
With This Tear
T & M: Prince
Erhältlich auf: 17

(You Make Me Feel) Like A Natural Woman
T: Gerry Goffin/Carole King; M: Jerry Wexler
Erhältlich auf: 24; Tribut-Album *Tapestry Revisited* für Carole King
Your Light
T & M: Aldo Nova
Erhältlich auf: 24
Ziggy (englische Version von → *Ziggy [Un garçon commes les autres*])
T: Luc Plamondon/Tim Rice; M: Michel Berger
Erhältlich auf: Soundtrack-Album *Tycoon*

* Dieser Titel ist zum Zeitpunkt des Manuskriptabschlusses in Deutschland nicht erhältlich gewesen.

Quelle: Überarbeitet und ergänzt vom Autor nach Sylvain Beauregard: Passion Céline Dion. www.celine-dion.net

Videos

Live à l'Olympia
Erschienen: 1994; Label: Sony
Titelreihenfolge: siehe CD Live à l'Olympia

The Colour Of My Love Concert
Erschienen: 1995; Label: Sony

Beauty And The Beast Intro (Instrumental)
Everybody's Talkin' My Baby Down
Love Can Move Mountains
If You Asked Me To
Only One Road
Ce n'était qu'un rêve
Misled
Think Twice
Where Does My Heart Beat Now
When I Fall In Love (mit Clive Griffin)
Refuse To Dance
The Power Of Love
Beauty And The Beast (mit Peabo Bryson)
I Can't Help Falling In Love
The Colour Of My Love Outro (Instrumental) +
Bonus Video: Tu m'aimes encore

16. Preise und Auszeichnungen

American Music Awards (1)
1998: beste Popsängerin des Jahres

Amigos Awards (1)
1997: beste internationale Sängerin

Bambi, Deutschland (1)
1996: beste internationale Popsängerin

Billboard, USA (1)
1993: »Billboard International Creative Achievement Award«

Cinards, Kanada (1)
1992: Würdigung für die Künstlerin aus Quebec, die besondere Leistungen auf dem internationalen Markt erbracht hat

»Chevalier de l'Ordre des Arts et des Lettres« (Ritterlicher Orden für Kunst und Kultur), Frankreich (1)
1996

Félix, Musikpreis, Quebec (38)
1983: Sängerin des Jahres
Newcomerin des Jahres
Pop-Album des Jahres – *Tellement j'ai d'amour ...*

Würdigung für die Künstlerin aus Quebec, die besondere Leistungen außerhalb Quebecs erbracht hat

1984: Sängerin des Jahres
bestverkauftes Album – *Les chemins de ma maison*

1985: Sängerin des Jahres
Album des Jahres – *Mélanie*
bestverkauftes Album – *Mélanie*
bestverkaufte Single – *Une colombe*
beliebtestes Lied des Jahres – *Une colombe*

1988: Sängerin des Jahres
Lied des Jahres – *Incognito*
Würdigung für die Künstlerin aus Quebec, die besondere Leistungen außerhalb Quebecs erbracht hat;
beste Liveauftritte

1990: englischsprachige Künstlerin des Jahres
Platin-Eintrittskarte (100 000 Zuschauer) für die Konzerttournee unter dem Titel »Céline Dion«

1991: Würdigung für die Künstlerin aus Quebec, die besondere Leistungen außerhalb Quebecs erbracht hat
Preis von der »Union des Artistes« für besondere Leistungen

1992: Album des Jahres – *Dion chante Plamondon*
Würdigung für die Künstlerin aus Quebec, die besondere Leistungen außerhalb Quebecs erbracht hat

1993: erfolgreichste Künstlerin in einer anderen Sprache als Französisch
Würdigung für die Künstlerin aus Quebec, die besondere Leistungen außerhalb Quebecs erbracht hat

1994: Sängerin des Jahres
erfolgreichste Künstlerin in einer anderen Sprache als Französisch
Würdigung für die Künstlerin aus Quebec, die besondere Leistungen außerhalb Quebecs erbracht hat

1995: Album des Jahres – *D'eux*
Popsong des Jahres – *Pour que tu m'aimes encore*
Würdigung für die Künstlerin aus Quebec, die besondere Leistungen außerhalb Quebecs erbracht hat
1996: Würdigung für ihr Lebenswerk (bereits während der MIDEM in Cannes im Januar ausgezeichnet)
Sängerin des Jahres
Würdigung für die Künstlerin aus Quebec, die besondere Leistungen außerhalb Quebecs erbracht hat
erfolgreichste Künstlerin in einer anderen Sprache als Französisch
bestverkauftes Album des Jahres – *D'eux*
Liveauftritte des Jahres – Welttournee
1997: Sängerin des Jahres
bestverkauftes Album des Jahres – *Live à Paris*
Album des Jahres – *Live à Paris*
erfolgreichste Quebecer Künstlerin im Ausland
erfolgreichste Quebecer Künstlerin in einer anderen Sprache als Französisch

Gala, französisches Boulevardmagazin (1)
1996: Frau des Jahres 1995

Golden Globe Awards, USA (1)
1998: bester Song aus einem Film: *My Heart Will Go On* aus *Titanic*

Grammy Awards, USA (3)
1993: bester Popsong in der Kategorie Duett/Popgruppe für *Beauty And The Beast* mit Peabo Bryson
1997: Album des Jahres – *Falling Into You*
Popalbum des Jahres – *Falling Into You*

Grand Prix d'Eurovision de la Chanson/Eurovision Song Contest (1)

1988: Siegerin mit dem Lied *Ne partez pas sans moi* als Vertreterin der Schweiz

IRMA – Irish Music Awards (2)

1996: beste internationale Sängerin
1997: bestes Album einer internationalen Sängerin – *Falling Into You*

Ivor Novello Awards, Musikpreis in Großbritannien (1)

1995: Lied des Jahres in Großbritannien – *Think Twice*

Juno Awards, Musikpreis, Kanada (15)

1991: Sängerin des Jahres
Album des Jahres – *Unison*
1992: Sängerin des Jahres
1993: Sängerin des Jahres
bestverkaufte französischsprachige CD – *Dion chante Plamondon*
Lied des Jahres – *Beauty And The Beast*
bester Dancesong – *Love Can Move Mountains*
1994: Sängerin des Jahres
1995: Album des Jahres – *The Colour Of My Love*
bestverkauftes Album des Jahres – *The Colour Of My Love*
1996: bestverkauftes französischsprachiges Album – *D'eux*
1997: Sängerin des Jahres
bestverkauftes französischsprachiges Album – *Live à Paris*
bestverkauftes internationales Album – *Falling Into You*
Auszeichnung für internationale Leistungen

Métrostar, Medienpreis, Quebec (1)
1988: Künstlerin des Jahres, die jünger als 25 ist

MIDEM, »Prix du MIDEM«, Frankreich (2)
1996: für den Verkauf von mehr als zehn Millionen Alben insgesamt in Europa
für den Verkauf von mehr als vier Millionen Exemplaren des Albums *D'eux*

MuchMusic, kanadischer Musiksender (2)
1992: Auszeichnung für den Videoclip *Je danse dans ma tête*
Auszeichnung für den Song *Nothing Broken But My Heart*

National Association of Recording Merchandisers, NARM, Händlermusikpreis, USA (3)
1997: bestverkaufte Aufnahme im Bereich Pop – *Falling Into You*
Aufnahme des Jahres – *Falling Into You*
Künstlerin des Jahres

Orden von Quebec (1)
1998: für besondere kulturelle Verdienste für ihre Heimatprovinz

Oscar (Academy Awards), Filmpreis, USA (1)
1992: bestes Lied aus einem Film: *Beauty And The Beast* aus *Die Schöne und das Biest*, Duett mit Peabo Bryson

La Presse, Tageszeitung aus Montreal, Kanada (1)
1992: Künstlerin des Jahres – Gesang und Liveshow

Radio Rock-Détente, privater Radiosender, Quebec, Kanada (4)

1992: Spezialpreis für besondere Verdienste für Radio Rock
1997: Détente

Prix RFI, Conseil de la chanson, Gesellschaft für das französischsprachige Lied (1)

1996: für das Lied *Pour que tu m'aimes encore*

VH-1, Musikfernsehsender, USA (1)

1996: Künstlerin des Jahres 1996

Victoires, französischer Musikpreis (2)

1996: französischsprachige Künstlerin des Jahres
Lied des Jahres: *Pour que tu m'aimes encore*

World Music Awards, Monaco (7)

1992: kanadische Sängerin, die die meisten Alben verkaufte
1995: kanadische Sängerin, die die meisten Alben verkaufte
1996: kanadische Sängerin, die die meisten Alben verkaufte
1997: kanadische Sängerin, die die meisten Alben verkaufte
weltweit erfolgreichste(r) Künstler(in) des Jahres
Popkünstler(in) mit den weltweit am meisten verkauften Alben
1998: erfolgreichste Künstlerin Kanadas

Yamaha World Popular Song Festival, Japan

1982: Goldmedaille für das Lied *Tellement j'ai d'amour pour toi*

Quelle: Überarbeitet und ergänzt nach Sylvain Beauregard: *Passion Céline Dion.*
www.celine-dion.net

17. Anhang

Adressen

Céline Dion International Fan Club
P. O. Box 551
Don Mills, Ontario
Canada
M3C 2T6

Management René Angélil
Feeling Productions Inc.
4 Place Laval, Suite 500
Ben Kaye
Tel.: (514) 668-0858

Feeling Productions Inc.
1131 A Leslie St., Suite 555
Don Mills, Ontario M3C 3L8
Dave Platel
(416) 445-0555

Quellenangaben

Beaunoyer, Jean: Céline Dion. Une femme au destin exceptionnel. Éditions Québec Amérique. Quebec 1997.
Beauregard, Sylvain: Passion Céline Dion. www.celine-dion.net. 1996–1998.
Bronson, Fred: The Billboard Book of Number One Hits. Guinness Publishing Ltd. London 1998.

Gambaccini, Paul/Tim Rice/Jonathan Rice/Tony Brown: The Complete Eurovision Song Contest Companion. Foreword by Terry Wogan. Pavillon Books Ltd. London 1998.
Germain, Georges-Hébert: Céline. Libre Expression. Quebec 1997.
Guinness Book of British Hit Singles. 11th edition. Introduced by Mark Lamarr. Guinness Publishing Ltd. London 1997.

Hammerl, Thomas: Rock- und Pop-Starlexikon: Wissen von A–Z. Loewe Bindlach 1997.

Laufenberg, Frank: Rock- und Poplexikon, 2 Bände. 2. Auflage. Econ TB 1995.

Pschyrembel: Klinisches Wörterbuch. 257. Auflage. Walter de Gruyter Berlin und New York 1994.

Schieffer, Ludwig: Superhit Statistik. Die Chronik der No. 1-Hits Deutschland, Großbritannien und USA von 1946–1991. Wilhelm Herbst Verlag Ostheim-Rhön 1991 ff.

Twentieth Century Fox (Germany): Der Original Soundtrack zum Film. Presseinformation zum Filmsoundtrack Titanic 1997.

TV-Sendungen

arte
Music Planet (1998)

Onyx TV
Onyx Spezial (1997)

tm3
Oprah Winfrey Talkshow (1997/98)

VIVA
VIVA-News/VIVA-Videotext

Zeitungs- und Zeitschriftenartikel

Access All Areas – Live-Musik Magazin (6/1997)
BRAVO (12/98)
BRAVO (19/98)
Canadian Press (19. 4. 1996)
Daily News, New York (16. 4. 1998)
Die Woche (14/98)
Edmonton Sun (17. 5. 1996)
FOCUS (14/98)
Gala (14/98)
Jam!Music (4/98)
Karstadt MusicNews (5/98)
Kölner Stadt-Anzeiger (9. 5. 1998)
Paris Match (16. 4. 1998)
Popcorn (3/98)
prisma (16/98)
TIME (12. 8. 1996)
Toronto Sun (19. 4. 1996)
TV Spielfilm (7/98)
Westfälische Nachrichten (2. 5. 1998)

Register – Songtitel, Alben und Filme

In dieses Register sind nur jene im Text vorkommenden Titel aufgenommen, die direkt mit Céline Dion in Verbindung stehen.

A = Albumtitel
S = Songtitel
F = Filmtitel
kursiv = Film
fett = Album

Personenregister

Danksagung

Valeska Engel;
Maria Strebel; Gaby und Arnd Prüßmann; Ernst Stöckicht, der mir den Weg in die Welt des World Wide Web öffnete; Karsten Prüßmann, Luay Ali und Katja Chrupalla, die mir viele wertvolle Tips gaben; Eugen Kühn, der als guter Freund immer für mich da war; Marcel Menzinger für seine professionelle Unterstützung;
Stadtbücherei Münster; Schweizerische Gesellschaft für die Rechte der Urheber musikalischer Werke (SUISA); Twentieth Century Fox (Germany).
Vor allem bedanke ich mich bei allen Autorinnen und Autoren, die ich zitiert habe. Durch ihre Arbeit wurde meine erst möglich.